农村居民收入增长质量研究
——以广西为例

韦程东　刘述桂　黄靖贵

陈志强　陈　成　　著

科学出版社

北京

内 容 简 介

　　本书以广西农村居民为例，在农村住户调查及统计年鉴的基础上，描述农村居民收入及消费结构等情况；基于适应性核密度估计方法研究了广西农村居民收入差异变化趋势；运用多层线性模型研究了农村居民收入问题；根据模型分析提出了促进农村居民增收的对策与建议。

　　本书可供数量经济学、统计学、社会科学、应用数学等专业的大学生、研究生、教师、科技人员和统计工作者参考。

图书在版编目（CIP）数据

　　农村居民收入增长质量研究：以广西为例/韦程东等著. —北京：科学出版社，2016.4

　　ISBN 978-7-03-048031-6

　　Ⅰ. ①农… Ⅱ. ①韦… Ⅲ. ①农民—居民收入—收入增长—研究—广西 Ⅳ. ①F323.8

　　中国版本图书馆 CIP 数据核字(2016) 第 072887 号

责任编辑：李静科／责任校对：彭　涛
责任印制：张　伟／封面设计：陈　敬

科 学 出 版 社 出版
北京东黄城根北街 16 号
邮政编码：100717
http://www.sciencep.com

北京教圆印刷有限公司 印刷
科学出版社发行　　各地新华书店经销

*

2016 年 4 月第　一　版　　开本：720×1000 B5
2016 年 4 月第一次印刷　　印张：8 1/4　插页：6
字数：113 000

定价：58.00 元
（如有印装质量问题，我社负责调换）

前　　言

党的十八大提出了未来十年我国全面建成小康社会的宏伟目标，明确提出到 2020 年，城乡居民人均收入比 2010 年翻一番，即城乡居民收入倍增计划。这一目标既与时俱进、鼓舞人心，又立足现实、切实可行，必将有力地激励全国人民为加快建设更高水平的小康社会而努力。

近几年来，广西区党委、区政府高度重视"三农"工作。2012 年广西全区农村工作会议强调了广西农村工作"在推进富民强桂新跨越过程中，只有解决'农民富'的问题，才能真正实现'富民'的目标任务；'三农'工作事关全局，怎么强调都不过分，怎么重视都不过分，怎么支持都不过分。"2014 年 2 月 4 日，《广西农民人均纯收入倍增计划》及 37 个配套文件正式出台。《广西农民人均纯收入倍增计划》提出，要确保到 2020 年广西农民人均纯收入比 2010 年翻 1.88 番，达到全国平均水平，与全国同步全面建成小康社会。《倍增计划》不仅从农民家庭经营性收入、工资性收入、转移性收入、财产性收入等四个方面，提出了实施农民收入倍增计划的四大任务，还从提高收入，提高保险、补助、补偿水平，住房建设，基础设施建设，医疗卫生及其他五个方面制定具体的实施方案。从林下经济、海洋渔业、乡村旅游等方面开发新的增长点，确保倍增计划目标的实现。

目前，我国开展扶贫开发工作的关键时期，扶贫开发工作面临十分艰巨而繁重的任务，已进入啃硬骨头、攻坚拔寨的冲刺期。2015 年习近平总书记在贵州调研时就加大力度推进扶贫开发工作提出"4 个切实"的具体要求：一是要切实落实领导责任；二是要切实做到精准扶贫；三是要切实强化社会合力；四是要切实加强基层组织。他强调，特别要在精准扶贫、精准脱贫上下更大功夫，具体就是要在扶持对象精准、项目安排精准、资金使用精准、措施到户精准、因村派人精准、脱贫成效精准上想办法、出实招、见真效。

　　呈现在大家面前的《农村居民收入增长质量研究——以广西为例》一书是我们几个作者对农村居民收入增长质量的点滴认识，它恰逢在各省市落实城乡居民收入倍增计划，在扶贫工作攻坚拔寨的冲刺阶段中诞生了，但愿它的出版对农民增收、扶贫工作有所裨益。

　　本书共 6 章，第 1 章介绍了基本概念及相关的文献，第 2 章利用年鉴数据和统计方法，分别从广西地域环境特征、广西人口结构情况、农村居民收入状况、农村居民消费情况等方面对广西农村居民收入情况进行分析。第 3 章以 2007–2012 年广西各市县农村住户调查数据为基础，基于核密度估计统计方法分别从不同角度探讨广西农民家庭人均总收入、家庭人均主要收入来源、家庭人均总支出以及家庭人均总各项费用支出等总体变化趋势，揭示近几年来广西农民家庭生产生活的发展情况。第 4 章运用 2007–2010 年广西各市县农村住户调查数据建立多层线性模型，分析农民家庭的自身因素和外部因素共同影响家庭人均总收入水平的情况。第 5 章对南宁市不同类型农户群体收入分布特点进行分析，建立农户家庭人均总收入的多层次线性模型。第 6 章根据模型分析提出了促进农村居民增收的对策与建议。

　　本书的出版得到广西自然科学基金项目 (2013JJAA10097)、国家自然科学基金项目 (11561010)、南宁市科学研究与技术开发计划软科学项目 (20136336)、广西高学校科研项目 (201203YB102) 经费和混合与缺失数据统计分析广西高校重点实验室建设经费的资助，在此表示衷心的感谢。

　　本书由韦程东策划与统稿，其中第 1, 2 章由陈志强执笔，第 3, 4 章由黄靖贵执笔，第 5 章由韦程东执笔，第 6 章由刘述桂、陈成执笔。由于著者水平有限，错谬之处在所难免，恳请同行及广大读者批评指正。

韦程东

2015 年 12 月于广西师范学院

目　　录

第1章 绪 论

1.1 背景及意义

党的十八大提出了未来十年我国全面建成小康社会的宏伟目标,明确提出,到 2020 年城乡居民人均收入比 2010 年翻一番,即城乡居民收入倍增计划。这一目标既与时俱进、鼓舞人心,又立足现实、切实可行,必将有力地激励全国人民为加快建设更高水平的小康社会而努力。深刻认识实现农民收入倍增的重大意义,有利于增强促进农民收入增长的自觉性;深刻认识实现农民收入倍增目标的难点,有利于增强促进农民收入增长的紧迫性;深刻认识实现农民收入倍增的基本路径,有利于增强促进农民收入增长的主动性。

我国经济社会发展正处在加快建设小康社会的关键阶段,党的十八大提出到 2020 年实现农民收入倍增目标,这是亿万农民群众过上幸福美好生活的期待,对进一步提高农民生活水平、全面建成更高水平的小康社会、扩大内需转变经济发展方式、构建农村和谐社会具有重大意义。

习近平总书记在 2014 年的中央农村工作会议上讲道:"小康不小康,关键看老乡。一定要看到,农业还是‘四化同步’的短腿,农村还是全面建成小康社会的短板。中国要强,农业必须强;中国要美,农村必须美;中国要富,农民必须富。农业基础稳固,农村和谐稳定,农民安居乐业,整个大局就有保障,各项工作都会比较主动。"

近几年来,广西区党委、区政府高度重视"三农"工作。2012 年广西全区农村工作会议强调了广西农村工作"在推进富民强桂新跨越过程中,只有解决‘农民富’的问题,才能真正实现‘富民’的目标任务;‘三农’工作事关全局,怎么强调都不过分,怎么重视都不过分,怎么支持都不过分。"

2014年2月4日，《广西农民人均纯收入倍增计划》及37个配套文件正式出台。《广西农民人均纯收入倍增计划》提出，要确保到2020年广西农民人均纯收入比2010年翻1.88番，达到全国平均水平，与全国同步全面建成小康社会。《广西农民人均纯收入倍增计划》不仅从农民家庭经营性收入、工资性收入、转移性收入、财产性收入等四个方面，提出了实施农民收入倍增计划的四大任务，还从提高收入，提高保险、补助、补偿水平，住房建设，基础设施建设，医疗卫生等方面制定具体的实施方案。从林下经济、海洋渔业、乡村旅游等方面开发新的增长点，确保倍增计划目标的实现。

2014年6月，广西区党委政府召开全区扶贫开发暨农民工工作电视电话会议，自治区党委书记彭清华、自治区主席陈武在会上讲话。时任国家人力资源和社会保障部副部长杨志明、国务院扶贫办副主任郑文凯到会并讲话。这是全国首个省级农民工工作大会，可见广西对农民工工作的重视达到前所未有的高度。加快全区600多万贫困群众的脱贫致富，做好全区1100多万农民工的工作，是中央的殷切嘱托，也是全区各族人民的热切期盼。

自治区党委、政府制定出台了《关于创新和加强扶贫开发工作的若干意见》《关于创新和加强农民工工作的若干意见》及一系列配套文件，努力走出一条富有广西特色、更加精准有效的扶贫开发新路子，到2020年农民平均收入比2010年翻一番，有序推进农民工市民化进程。

1.2 研究思路与研究方法

本研究将结合文献研究法、实证研究法及数量研究法等研究方法。

(1) 文献研究法。围绕本书研究的增加农民收入的路径与对策入手，整理学术领域的论文以及网络资料，分析影响增加农民收入的因素，进行综合研究。

(2) 实证研究法。利用多层线性模型进行实证分析。

(3) 数量研究法。采用数量研究法，分析近年来广西农民收入的现状以及构成。

1.3 研究内容

应用分层线性模型研究广西农民收入情况,从统计学的角度给出提高农民收入水平,实现农民收入倍增计划的思路,途径和措施。

1.4 研究综述

1.4.1 农村居民收入增长研究综述

在研究农村居民收入的增长问题方面,国内许多专家从不同的视角对农民增收问题进行了理论探讨,并取得了卓越的成绩,提出了许多可供借鉴的结论。吴敬琏 (2002) 认为农民的思想观念落后,是影响农民收入增长的重要因素;林光彬 (2002) 认为影响农民收入的主要因素是社会等级制度及其思想观念影响的经济社会运行机制,而农民往往处于社会等级制度的最底层,处于弱势群体。杜旭宇 (2003) 认为保障制度的缺陷是影响农民收入增长的主要因素。盛洪 (2003) 认为,农民组织缺陷是导致农民权益得不到保障从而影响到了农民的收入增长。陈锡文 (2011) 认为农民增收的困难实际上是农业劳动力转移的困难。郭志仪和常晔 (2007)、崔俊富等 (2009) 则认为是人力资本积累的严重不足影响了农民收入增长。王春超 (2005) 和阳俊雄 (2001) 认为农业劳动力剩余是影响农村居民收入增长的主要因素。

纵观已有的研究,许多专家和学者对影响农村居民收入因素进行了详细的研究,但他们几乎都是提出了个别因素是主要影响原因的观点。因为传统的最小二乘估计理论不会考虑数据具有层次结构这一特点,忽略层次上个体的差异,这样就会存在估计误差。虽然高梦滔和姚洋 (2006)曾经利用广义差分去除了微观面板数据中农村居民间的差异性影响,但其重点是在解决农户的收入差距,而非收入增长。

1.4.2　多层线性模型研究综述

分层线性模型最早起源于教育学, 分层线性模型的研究在国外已有较系统的研究体系。1977 年 Lindy 与 Smith 提出了多水平模型即多层线性模型, 由于该模型要估计非平衡数据的方差与不同水平的协方差, 所以没有得到广泛的应用, 而这在理论上初步对该模型进行了探讨和研究。随后 Dempster 等人提出了 EM 算法, 解决了参数估计问题, 从而解决多层线性模型的参数估计。1983 年, Strenio、Weisberg 和 Bryk 等人相继把这种方法应用到社会学的研究; 1986 年 Goldstein 应用 IRGLS 估计参数; 1987 年, Longford 应用费希尔得分算法对模型的参数进行了估计, 现在越来越多的学者在研究和发展多层线性模型, 并且把它应用于不同的领域上。

在应用研究方面, S.W. Randenbush 和 A.S. Bryk(2002) 用多层线性模型理论探讨了如何进行数据分析, 得出了一类重要的试验设计的方差分析模型, 加深了对连续或离散的非平衡数据、预测器的混合和随机效应模型的研究; Andrew Gelman(2003) 提出了在多层线性模型中的各种无信息先验分布的尺度参数贝叶斯估计, 并构建了一个新的针对分层标准离差参数的条件共轭先验分布族。20 世纪 80 年代以来, 随着统计方法和算法取得突破性发展 (如 EM 算法、Bayes 方法等被用于分层线性模型), 分层线性模型在教育、健康、地理、儿童成长、居民收入等领域得到了广泛应用, 如应用于健康、生物医学领域方面的有: P.J. Curran 等 (1997) 关于青少年与饮用啤酒之间关系的研究, C.Duncan 等 (1998) 关于个人身体健康状况的研究, Holmes 等 (1999) 关于患乳腺癌风险与脂肪和脂肪酸摄入量之间的关系研究, Diez-Roux 等 (2001) 关于居民住宅与冠心病发生率关系的研究, Gordon K.Smith(2004) 关于将多层线性模型和经验贝叶斯方法应用到基因芯片中来评估基因的不同表达式, 成功地将多层线性模型的贝叶斯统计推断理论运用到实际问题的研究; 应用于教育心理学领域的有: H.Goldstein(2001) 关于学校班级规模大小对学生学习影响的研究, I.Kreft(1995) 关于公立学校的成功与失败的研究, L.Maes(2003) 关于青少年青春期风险与心理行为的研究，D.A.Luke 和 M.Krauss(2004) 关于美国国会成员对相关烟草工业法案投票行为影响的研究；应用于居民收入分配不平等方面的研究有：K.Lochner 等 (2001) 关于国家间居民收入不均与个人道德风险问题的研究；应于到生态学领域中的有：Adriana A.Gili 等 (2012) 将分层线性混合模型的贝叶斯统计推断理论运用到土壤的研究中。

　　近几年国内学者对分层线性模型的理论及应用研究也做了很多工作。张雷等 (2002,2003) 最初把分层线性模型用于研究教育学、心理学。盖笑松和张向葵 (2005) 等系统地介绍了多层线性模型的原理及其在纵向研究中的作用，有效处理了纵向研究中重复观测的方差分析和多元回归分析这两种技术存在的一些局限性，弥补了纵向研究资料这个方面的不足。闵素芹和李群 (2010) 提出了目前比较常用的多层线性模型的最大似然 (ML) 估计、完全贝叶斯法估计方法 (Full Bayes)，比较了多层线性模型中的经验贝叶斯和完全贝叶斯方法优劣，并给出了在应用中如何选择推断方法的建议。张璇 (2011) 给出了分层线性模型最大后验估计 (MAPE) 方法的期望最大化算法 (EM) 的具体步骤，运用对数似然函数的二阶导数推导了 MAPE 的方差估计量。李荣霞 (2012) 讨论了用贝叶斯统计推断方法来处理林业中非线性纵向数据的混合效应模型。分层线性模型在国内应用于实践工作中的研究也比较多，石磊等 (2011) 用多层线性模型的理论解决物质资本、人力资本、就业结构与西部民族地区农户收入增长问题。金太军和张劲松 (2002)、王雷和王代 (2000)、陈恭军和田维明 (2012) 等研究了农民收入问题；也有将其应用到社会科学中，如李晓鹏等 (2011) 在社会科学中进行文献分析。

第2章 广西农村居民基本情况

2.1 广西地域环境特征

广西是我国唯一具有沿海、沿江、沿边优势的少数民族自治区，集"老、少、边、山、穷、库"等一体，也是全国劳务输出大省。广西具有典型的山地丘陵性盆地地貌，存在大量集中连片山区和丘陵地带的欠发达地区。全区 109 个县 (市、区) 中，少数民族自治县有 12 个，共有 58 个民族乡，属边境一线的有 8 个县 (市、区)，广西有 49 个贫困县，其中国家级贫困县 28 个 (2002 年后称国家扶贫开发工作重点县)，共有贫困村 2446 个，占贫困村总数的 60%；自治区级贫困县 21 个，共有贫困村 903 个，占贫困村总数的 22%；50 个面上非贫困县 (市、区) 有贫困村 711 个，占贫困村总数的 18%。这些贫困县大多分布在桂西、桂中、桂西南、桂东北及桂西北局部地区的连片大石山区，石山面积达到 435.4 万公顷，约占广西土地总面积的 18.4%。这些石山地区是人类生活自然条件较恶劣的地区，其显著特征是"高山、陡坡、植被少、土层稀薄、蓄水性差"，因此有"九石一土"之说。

一是地貌特征复杂多样。广西在区域上属云贵高原向东南沿海丘陵过渡地带，整个地势为四周多山地与高原，自西北向东南倾斜，形成了复杂多样的地貌。具有大面积、集中连片的山地及石山片区、丘陵错综、喀斯特广布等主要特征。主要包含有大石山岩溶贫困区、边境贫困区、石灰岩溶旱片贫困区、九万大山贫困区、大瑶山贫困区等片区，这是滇桂黔石漠化广西片区的主要组成部分。其中，大石山岩溶贫困区主要分布在桂西北、桂西南两大贫困集中区域，贫困特征是土壤薄瘠、石漠化严重、生态环境基础脆弱等；边境贫困区主要分布在桂西南的中越边境地区，贫困特征是区域内受多年战争影响而导致的社会经济发展水平滞后、重大自然资源部分缺失等；石灰岩溶旱片贫困区主要分布在桂中地区，贫困特征是缺水、水土流失严重；九万大山贫困区主要分布在桂北地区，贫困特征是高山峻岭、经济社会发展水平低下；大瑶山贫困区主要分布在桂东地区，贫困特征是重要资源缺乏、贫困少数民族居聚。

二是民族多样性显著。广西具有明显的民族多样性，境内有壮、汉、瑶、苗、侗、仫佬、毛南、回、京、彝、水、仡佬等 12 个世居民族，其他 44 个少数民族均有居住。根据第六次全国人口普查数据，壮族是我国人口最多的少数民族，广西是壮族人口最多的地区。同时，瑶族人口达到 149.35 万人，是全国瑶族人口最多的地区，占全国瑶族总人口的 53.42%；广西是我国京族唯一的居住地，京族人口 2.33 万人，占全国京族总人口的 80% 以上。同时也是全国仫佬族人口最多的地区，有 17.23 万人，占全国仫佬族人口的 79.7%；环江毛南族自治县是全国唯一的毛南族自治县，也是我国毛南族最大的聚居区，有 6.56 万多人。

三是自然条件恶劣，生态环境脆弱。广西的大石山片区、干旱缺水，石漠化、水土流失严重，岩溶土地面积达到 489 万公顷，旱涝保收面积占基本农田的 31.33%。土壤贫瘠，生态脆弱，一些区域缺乏基本的生产生活条件。人均耕地面积少，旱地占比高，人地矛盾突出。作为珠江、湘江流域重要的水源涵养区，生态地位十分重要，资源环境承载能力较弱。

四是基础设施建设滞后，基本公共服务不足。自治区扶贫开发办和自治区发展改革委联合下发的《滇桂黔石漠化片区区域发展与扶贫攻坚广西实施规划 (2011–2015 年)》(桂开办发 [2013]48 号文) 指出，桂滇黔石漠化区广西片区基础设施和基本公共服务现状是铁路营运里程 916 公里，公路总里程 36376 公里，森林覆盖率 62.8%，建有沼气池 125 万座。同时，"两免一补"全面覆盖，"两基"攻坚全面完成。2010 年，7–15 岁农村适龄儿童入学率达到 98.8%，高中阶段教育毛入学率 62.7%，乡乡建有卫生院，每万人口医院和卫生院病床数 17.7 张，新农合参合率 93% 以上，广播电视综合覆盖率 90% 以上，农村低保覆盖面逐渐扩大。但同时应该看到，片区对外交通通道和主干道网络尚未形成，交通网络密度低，每百平方公里公路里程仅相当于全区平均水平的 84.14%，仍有两千多个

行政村未通沥青 (水泥) 路，三百多万农村人口和五十多万农村学校人员饮水不安全，335 个行政村未完成农网改造，仍有 17.7% 的自然村 (屯) 不能接受电视节目，乡村小学危房面积 165 万平方米。23.7% 的行政村未建有合格卫生室。教育、卫生、文化、体育等公共设施建设滞后。

2.2　人口结构情况

根据第六次全国人口普查公报，广西 2010 年普查登记的常住人口中，汉族人口为 2891.61 万人，占 62.82%；各少数民族人口为 1711.05 万人，占 37.18%，其中壮族 1444.85 万人，占 31.39%，总人口中，汉族人口为 3201.90 万人，占 62.06%，；各少数民族人口为 1957.56 万人，占 37.94%，其中壮族人口为 1658.72 万人，占 32.15%。

(1) 按城乡分，乡村人口占比大，少数民族人口多。2013 年，广西总人口 5282 万人，其中，农业人口 4248 万人，非农业人口 1007 万人 (农业、非农业人口与总人口之差为户口待定人口)，少数民族人口 2004 万人，分别占总人口数的 80.4%、19.1%、37.9%。2013 年，广西有 55.19% 的人口在乡村，比 2010 年全国人口普查时下降了 4.7 个百分点，比 2012 年下降 1.28 个百分点，比全国平均水平高出 8.92 个百分点，在全国排名第六，比 2012 年下降一位。见表 1。

表 1　主要年份人口基本情况　　　　　(单位: 人)

	2005	2010	2011	2012	2013
1. 总人口	4925	5159	5199	5240	5282
#农业人口	3984	4229	4123	4166	4248
非农业人口	910	838	1000	1027	1007
少数民族	1898	1957	1973	1988	2004
2. 常住人口	4660	4610	4645	4682	4719
#市镇人口	1567	1849	1942	2038	2115
乡村人口	3093	2761	2703	2644	2604

(2) 老年抚养比较大，受教育程度不高。从 2000 年以来，0–14 岁人

口在总人口中的比重从 26.2% 下降至 21.57%，13 年间下降了 4.63 个百分点，但同时，老年人口比重从 2000 年的 7.31% 上升至 9.66%，上升了 2.35 个百分点，超过老龄化社会国际标准 2.66 个百分点，人口老龄化程度日益加剧，老年人口抚养比从 2000 年 10.99 上升至 2013 年的 14.05，上升了 3.06 个百分点。若以 15–64 岁为劳动年龄段计算，1990–2013 年，广西总抚养比整体呈下降趋势，从 63.4% 下降至 45.4%。广西人口老龄化程度进一步加剧，老年人口规模呈现总量扩张的发展态势，人口抚养负担正逐步加重。

从 16 岁以上人口受教育程度结构看，2000 年至 2013 年，大专以上人口比重增长较快。见表 2。

表 2 人口年龄构成与受教育程度构成

年份	人口年龄结构 (占总人口的比重)			16 岁以上受教育程度构成			
	0–14 岁	15–64 岁	65 岁及以上	小学	初中	高中	大专及以上
2000	26.2	66.49	7.31	45.6	35.2	10.4	2.6
2005	23.76	66.67	9.57	39.84	38.19	9.89	3.96
2010	21.71	69.05	9.24	34.85	42.64	12.14	6.58
2011	21.8	68.37	9.83	34.8	42.6	12.2	6.6
2012	21.96	68.3	9.74	33.28	43.97	12.4	6.63
2013	21.57	68.77	9.66	32.57	44.17	12.72	6.92

(3) 贫困人口多。按照中央 2300 元的扶贫标准，全国贫困人口为 1 亿人左右，占全国总人口的 7.4%，根据自治区扶贫办 2014 年有关数据显示，2014 年全区贫困人口减少 96 万人，使贫困人口减少至 538 万人，占全区总人口的 10.19%，高出全国平均数 2.79 个百分点；片区县、重点县农民人均纯收入增幅比全区平均高出 1 个百分点以上。

2014 年，广西明确了全区统一的扶贫对象识别办法，全区 106 个有扶贫开发工作任务的县、5000 个贫困村、634 万贫困人口全面完成建档立卡工作。全区投入财政专项扶贫资金 7.4 亿元，修建贫困村屯级道路 1899 条 1702.7 公里。水利部、国家林业局在百色市召开滇桂黔石漠化片

区区域发展和扶贫攻坚推进会，自治区财政厅安排资金超过 175 亿元用
于片区扶贫攻坚。全区共投入 43.8 亿元用于 3000 个贫困村整村推进扶
贫开发。

(4) 农民投资建房的趋势大。在农村农户固定资产投资和建房统计
中，2013 年，全国农村农户固定资产投资总额为 10546.7，比 2012 年增
加了 706.1 亿元，增长率为 7.2%。广西投资为 523.7 亿元，在全国排名
第 8，比 2012 年增加了 60.3 亿元，增长率为 13%；其中，竣工房屋投资
为 317.8 亿元，比 2012 年增长了 6.5%，是广西全年农村农户固定资产投
资总额的 60.7%，比 2012 年下降了 3.7 个百分点；全国房屋竣工面积为
92661.7 万平方米，广西为 5160.1 万平方米，其中住宅面积为 4941.8 万平
方米；住宅造价仅为 631.3 元/平方米，由低到高，在全国排名第 4 位。由
此看出，广西农民仍然把投资大多用于建房，当地造价并不高，显现了
广西农村生活水平仍处于不高的水平。见表 3。

表 3   农村农户固定资产投资和建房

地区 年份	投资总额 （亿元）	#竣工房屋 投资	房屋竣工面积 （万平方米）	#住宅	竣工房屋造价 （元/平方米）	#住宅
全国 2012	9840.6	6395.3	94187.8	87775.9	679.0	689.4
全国 2013	10546.7	7249.6	92661.7	85953.0	782.4	783.7
#广西	523.7	317.8	5160.1	4941.8	615.8	631.3

(5) 农民住房条件改善，耐用消费品发生巨大变化。住房改造是扶贫
工作的一项重要内容。经过长期不懈的扶贫，广西农民住房条件得到明
显的改善，原来居住在茅草房和土胚房的农村居民如今大部分住上了宽
敞明亮的砖瓦房和钢筋混凝土楼房。据抽样调查，2013 年底，全区农户
平均每人年末住房面积 36.81 平方米，比 2000 年增长 57.3%。其中，钢筋
混凝土结构面积为 27.68 平方米，占比为 75.2%，比 2000 年增长了 1.94
倍，砖木结构面积比 2000 年减少了 76%。同时，农民拥有耐用消费品结
构也发生了根本变化。由过去的 "三大件" ——缝纫机、手表和收音机到

"新三件"——彩色电视机、摩托车、电话再到如今的手机、电冰箱、空调、汽车、电脑等城市居民的主要用品也开始大量进入农村家庭。抽样调查资料显示,2013 年,广西每百户农户拥有电视机 111.24 台、电冰箱 74.05 台、移动电话 238.8 部,耐用消费品出现成倍增长态势。见表 4。

表 4　主要年份农户平均每百户耐用消费品年末拥有量

品名	2000 年	2005 年	2010 年	2011 年	2012 年	2013 年
洗衣机 (台)	3.25	6.80	15.17	28.92	35.97	46.83
电冰箱 (台)	2.94	6.67	30.71	55.71	61.08	74.05
空调机 (台)	0.17	0.61	4.33	8.23	10.35	14.01
汽车 (台)	0.09	0.09	0.26	1.47	2.25	6.43
移动电话 (部)	0.69	62.55	140.35	210.26	215.45	238.80
彩色电视机 (台)	30.04	80.91	99.22	109.39	109.91	111.24

(6) 居民社会保障情况有了显著改变。根据自治区人力资源和社会保障厅 2013 年公报数据,2013 年末全区城乡居民社会养老保险参保人数 1680.69 万人,比 2012 年末增加 94.29 万人。其中实际领取待遇人数 511.27 万人,比上年末增加 19.97 万人。全年城乡居民社会养老保险基金收入 66.52 亿元,比上年增长 21.53%。其中个人缴费 11.98 亿元,比上年下降 12.83%。基金支出 47.48 亿元,比上年增长 35.47%。基金累计结存 54.44 亿元。其中,参加失业保险的农民工人数为 9.45 万人,比上年末增加 1.45 万人。2013 年末,全区领取失业保险金人数为 5.64 万人,比上年增加 0.1 万人,全区失业人员月人均领取失业保险金 834 元。全年共为 698 万名劳动合同期满未续订或提前解除劳动合同的农民合同制工人支付了一次性生活补助。

在农村居民医疗保险方面,新型农村合作医疗保障水平逐年提高,2013 年,全区开展新农合的县 (市、区) 达 111 个,参加新农合人口 4078.91 万人,参合率达 98.90%。根据医改监测,年度新农合人均筹资标准达 340 元,其中各级财政补助 280 元,个人缴费 60 元。与 2012 年相比,人均筹资标准提高 50 元,其中各级财政补助提高 40 元。同时,防城港市开展城乡统筹医疗试点取得良好效果。

2.3　农村居民收入状况

2.3.1　广西农民人均纯收入的数量变化

改革开放以来, 广西农民人均纯收入无论从当年价格计算的绝对数, 还是按 1980 年可比价, 都呈现增长态势。整体来看, 1980 年农民人均纯收入 173 元增长到 2013 年的 6791 元, 增长了 38.25 倍。1980–2013 年, 广西农民人均纯收入按当年价计算年均增长 12.15%; 按农村居民价格消费指数进行缩减后的可比价计算, 2013 年较 1980 年增长了 4.8 倍, 1978–2013 年年均增长 5.6%。见表 5。

表 5　广西农民人均纯收入

年份	农民人均纯收入 (元)			农民人均纯收入	农民人均纯收入
	绝对数	指数	可比价	绝对数增长率 (%)	可比价增长率 (%)
1980	173	100.00	173.00		
1981	204	100.10	173.17	17.92	0.10
1982	235	102.50	177.33	15.20	2.40
1983	262	105.27	182.12	11.49	2.70
1984	267	107.80	186.49	1.91	2.40
1985	303	120.52	208.49	13.48	11.80
1986	316	127.99	221.42	4.29	6.20
1987	354	135.41	234.26	12.03	5.80
1988	424	160.33	277.37	19.77	18.40
1989	483	197.68	341.99	13.92	23.30
1990	639	206.38	357.04	32.30	4.40
1991	658	212.57	367.75	2.97	3.00
1992	732	224.05	387.61	11.25	5.40
1993	885	266.85	461.64	20.90	19.10
1994	1107	337.56	583.98	25.08	26.50
1995	1446	400.35	692.60	30.62	18.60

续表

年份	农民人均纯收入 (元)			农民人均纯收入 绝对数增长率 (%)	农民人均纯收入 可比价增长率 (%)
	绝对数	指数	可比价		
1996	1703	429.97	743.85	17.77	7.40
1997	1875	433.41	749.80	10.10	0.80
1998	1972	419.54	725.81	5.17	−3.20
1999	2048	411.99	712.75	3.85	−1.80
2000	1865	409.93	709.18	−8.94	−0.50
2001	1944	408.29	706.34	4.24	−0.40
2002	2013	405.43	701.40	3.55	−0.70
2003	2095	410.70	710.52	4.07	1.30
2004	2305	430.83	745.33	10.02	4.90
2005	2495	437.72	757.26	8.24	1.60
2006	2771	441.66	764.07	11.06	0.90
2007	3224	471.69	816.03	16.35	6.80
2008	3690	511.79	885.39	14.45	8.50
2009	3980	498.99	863.26	7.86	−2.50
2010	4543	515.96	892.61	14.15	3.40
2011	5231	548.98	949.74	15.14	6.40
2012	6008	567.08	981.05	14.85	3.30
2013	6791	580.82	1004.82	13.03	2.42

按照收入增长速度和主导因素, 可以将 1980–2013 年广西农民人均纯收入划分为几个阶段。

第一阶段 (1980–1989 年), 农民收入稳步增长。这一阶段, 农村进行了以家庭联产承包责任制为主要内容的改革, 改革开放初期, 虽然解除了 "吃大锅饭, 平均分配" 等制度桎梏, 农业生产力得到一定的发展, 粮食产量稳步提高。但人民公社时期集体对农业生产条件改善在新制度下发挥作用有限。同时得益于国家于 1978 年开始几次提高农产品的收购价格, 1985 年国家取消了粮食统购统销制度, 采取市场收购和合同收购。因此, 广西农民人均纯收入从 1980 年的 173 元稳步增长到 1989 年的 483

元，年均增长也保持在两位数以上，但收入总量依然较小，同时，可比价收入年均增长率为 7.86%。

第二阶段 (1990–1999 年)，收入快速增长时期。进入 90 年代以来，农业政策调整下大部分农产品价格放开，乡镇企业开始异军突起，农村二、三产业逐渐得到发展，农民从非农产业得到的收入有所增加，保证了农民收入快速增长。这一时期，农民收入从 1990 年的 639 元增加到 1999 年的 2048 元，增加了 2.2 倍，年均增长率达到 13.8%，同时，可比价收入年均增长率达到 12.2%。

第三阶段 (2000 年至今)，2000 年以来，广西统筹城乡发展，在城镇收入逐年增加的同时，积极采取各项有效措施加速推动农村居民增收。政府进一步加大对农业的投入，加强农村基础设施建设，推动农业科技进步，逐步取消不应由农民承担的税费负担，通过深化农村经营体制改革搞活农村经济，激发农民自主创业增收的积极性，大力转移农村富余劳动力。这一时期农民名义人均纯收入从 2000 年的 1865 元增长到 2013 年的 6791 元，增长了 2.64 倍，可比价从 709.18 元增加到 1004.82 元，名义收入年均增长 2.7%。见图 1，图 2。

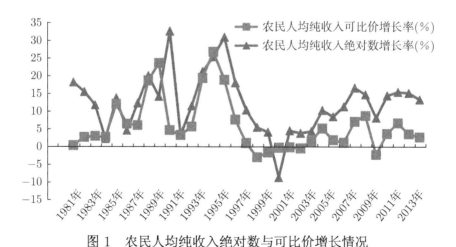

图 1   农民人均纯收入绝对数与可比价增长情况

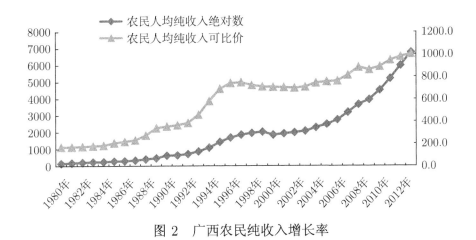

图 2 广西农民纯收入增长率

2.3.2 从收入来源看广西农民收入情况

根据《中国统计年鉴 2014》《广西统计年鉴 2014》有关数据显示，2013 年，广西农民年人均纯收入为 6791 元，比 2010 年增加 2247.6 元，年均增加 749.2 元。广西农民人均纯收入绝对水平相当于全国的比重由 2011 年的 75.0% 提高到 2013 年的 76.34%。

一是工资性收入比重上升，纯收入质量提高。从广西农民人均纯收入绝对数来看，构成农民人均纯收入的各项数据总体呈上升趋势，农民工资性收入从 1995 年的 202.1 元上升至 2013 年的 6790.9 元，是 1995 年的 33.6 倍。从家庭经营性收入来看，1995 年为 1158.07 元，2013 年增加到 3420.36 元，增加了 1.95 倍。财产性收入从 1995 年的 11.43 元增长到 2013 年的 70.44 元，增加了 5.16 倍，转移性收入从 1995 年的 74.54 增长到 2013 年的 587.83 元，增加了 6.89 倍。

从主要年份的农民人均纯收入构成看，农民工资性收入、财产性收入和转移性收入占比不断上升，家庭经营纯收入比重呈逐步下降趋势。其中，农民工资性收入占纯收入比重达到 39.9%，比 2010 年的 37.6% 提高了 2.3 个百分点，比 2000 年提高 13.9 个百分点，比 1995 年上升了 25.9 个百分点。转移性收入和财产性收入占纯收入比重分别为 8.7%、1.0%，比 2010 年分别提高了 1.3 个、0.3 个百分点。家庭经营纯收入占 50.4%，比 2010 年下降了 4.8 个百分点。见表 6。

表 6　主要年份农民人均纯收入及其构成

年份	人均纯收入 (元)	工资性收入		家庭经营纯收入		财产性收入		转移性收入	
		绝对数	比重 (%)	绝对数	比重 (%)	绝对数	比重 (%)	绝对数	比重 (%)
1995	1446.14	202.1	14	1158.07	80.1	11.43	0.8	74.54	5.2
2000	1864.51	483.75	26	1297.16	69.6	7.47	0.4	76.13	4.1
2005	2494.67	907.36	36.4	1516.36	60.8	18.3	0.7	52.66	2.1
2010	4543.41	1707.18	37.6	2510.15	55.3	33.78	0.7	292.3	6.4
2011	5231.33	1820.18	34.8	3007.93	57.5	41.22	0.8	362	6.9
2012	6007.55	2245.95	37.4	3234.55	53.8	53.87	0.9	473.17	7.9
2013	6790.9	2712.27	39.9	3420.36	50.4	70.44	1	587.83	8.7

家庭经营纯收入作为农民人均纯收入的主要构成，自 2000 年以来占比逐渐下降至 50% 左右。从 2013 年广西农民家庭经营性收入来看，第一产业收入占纯收入比重 43.3%，比 2010 年的 49.2% 下降 5.9 个百分点，呈逐渐下降态势；非农收入 (即第二、三产业收入) 占纯收入比重 7.0%，比 2010 年提高 1.0 个百分点，呈逐步上升态势。拉动非农收入比重提高的因素，主要是第三产业收入增加明显，比重提高较快，表明广西农民人均纯收入来源渠道不断拓宽。见表 7。

表 7　2010 年和 2013 年广西农民人均纯收入家庭经营性收入构成情况

指标名称	2013 年		2010 年		2013 年比 2010 年
	绝对值 (元)	比重 (%)	绝对值 (元)	比重 (%)	提高比重 (百分点)
全年纯收入	6791		4543.4		
# 家庭经营纯收入	3420	50.4	2510.2	55.2	−4.8
(一) 第一产业纯收入	2943	43.3	2236.6	49.2	−5.9
1. 农业收入	2008	29.6	1577.7	34.7	−5.2
2. 林业收入	185	2.7	124.7	2.7	
3. 牧业收入	654	9.6	483.7	10.6	−1
4. 渔业收入	96	1.4	50.5	1.1	0.3

续表

指标名称	2013 年		2010 年		2013 年比 2010 年
	绝对值 (元)	比重 (%)	绝对值 (元)	比重 (%)	提高比重 (百分点)
(二) 非农产业纯收入	477	7	273.6	6	1
1. 第二产业纯收入	93	1.4	60.9	1.3	
2. 第三产业纯收入	384	5.7	212.7	4.7	1

　　二是工资性收入是增收重要支撑, 转移性收入成为重要补充。2011-2013 年广西农民人均纯收入年均增长 14.3%。其中, 工资性收入年均增长 16.7%, 与 "十一五" 时期相比, 提高了 3.2 个百分点, 工资性收入对纯收入增长的贡献率达到 44.7%, 比家庭纯收入的贡献率 40.5% 高 4.2 个百分点; 在纯收入年均增长 14.3% 中, 有 6.4 个百分点是农民工资性收入拉动, 比家庭经营纯收入 5.8 个百分点高出 0.6 个百分点, 成为农民增收的重要支撑。

　　家庭经营纯收入年均增长 10.9%, 与 "十一五" 时期相比提高 0.3 个百分点, 对纯收入增长的贡献率由 48.5% 下降到 40.5%, 下降了 8 个百分点; 在纯收入年均增长 14.3% 中, 有 5.8 个百分点是家庭经营收入拉动, 低于工资性收入拉动幅度。在家庭经营纯收入中, 第一产业对纯收入的贡献率仅为 31.4%, 比 "十一五" 时期的贡献率下降 11.3 个百分点; 第二、三产业收入对纯收入的贡献率分别为 1.4%、7.6%, 分别比 "十一五" 时期的贡献率提高了 2.4 个、0.8 个百分点。

　　农民家庭经营是农民收入主要来源, 其中, 第一产业收入是根本。2013 年, 广西农民第一产业收入占纯收入的比重高达 43.3%。由于第一产业收入 (农林牧渔业) 受生产和市场的双重风险影响, 农产品价格波动大, 产品滞销, 增收预期不确定性加大。2013 年广西农民第一产业收入仅比 2012 年增加 117 元, 增长 4.1%, 增幅比上年回落 1.1 个百分点, 连续两年低于 10%, 增收空间较为有限, 持续增收面临困难, 直接拖累了农民收入水平的提高。主要原因: 一是农业生产经营体制机制与农村生产力发展不相适应。农业生产集约化程度低,农民合作组织发展缓慢,很难及时准确地把握农产品市场的信息,并根据千变万化的市场信息,调整生产结构,无法实现传统的"小生产"与现代的"大市场"有效对接,导致出现季节性、结构性农产品过剩,滞销,农产品价格异常波动等问题,影响农业可持续发展和农民增收。二是农业产业链短,产业化水平低。广西是农业大省,甘蔗、蚕茧等农产品产量居全国第一,水果、生猪、家禽等产品产量居全国前列,但龙头企业少,农产品加工滞后,产品加工率低,农业产业链短,初级产品多,加工产品少,精深加工产品更少,产品缺乏市场竞争力,特色优势产业大而不强,制约产业发展壮大和农民收入较快增长。三是农业基础薄弱,抵御自然灾害能力弱。广西是自然灾害多发频发地区,尤其近几年,极端气候频繁出现,旱涝灾害交替发生。由于历史的原因,农业农村的水、电、路等基础设施建设仍然滞后,旱不能灌,涝不能排的现象依然得不到较大的改观,农业和农村经济发展的条件支撑力仍很薄弱,制约农业生产和农民增收。

　　转移性收入年均增长 26.2%,对纯收入增长的贡献率为 13.2%,比"十一五"时期提高 1.5 个百分点;在纯收入年均增长 14.3%中,有 1.9 个百分点是农民转移性收入拉动,成为农民收入快速增长的重要补充。

　　财产性收入年均增长 28.1%,对纯收入的贡献率由"十一五"时期的 0.8%提高到 1.7%,提高了 0.9 个百分点。农民财产性收入和转移性收入越来越多,在收入中占份额越来越大,在经济发达地区甚至超经营性收入。广西农民财产性和转移性收入虽然近年有较大幅度增加,但数额仍然较少,严重偏低。2013 年广西农民财产性收入和转移性收入占纯收入比重分别 1.0%、8.7%,比全国水平分别低 2.1 个和 2.4 个百分点,总量分别比全国少 222 元、196 元。2010 年至 2013 年广西农民人均纯收入年均增长情况详见表 8。

表 8 2010 年至 2013 年广西农民人均纯收入年均增长情况

指标名称	2013 年绝对值 (元)	2010 年绝对值 (元)	2013 年比 2010 年			
			增加额 (元)	年均增长 (%)	贡献率 (%)	拉动年均增长百分点
全年纯收入	6791.0	4543.4	2247.6	14.3		
一、工资性收入	2712.0	1707.2	1004.8	16.7	44.7	6.4
二、家庭经营纯收入	3420.0	2510.2	909.8	10.9	40.5	5.8
（一）第一产业纯收入	2943.0	2236.6	706.4	9.6	31.4	4.5
1. 农业收入	2008.0	1577.7	430.3	8.4	19.1	2.7
2. 林业收入	185.0	124.7	60.3	14.1	2.7	0.4
3. 牧业收入	654.0	483.7	170.3	10.6	7.6	1.1
4. 渔业收入	96.0	50.5	45.5	23.9	2.0	0.3
（二）非农产业纯收入	477.0	273.6	203.4	20.4	9.0	1.3
1. 第二产业纯收入	93.0	60.9	32.1	15.2	1.4	0.2
2. 第三产业纯收入	384.0	212.7	171.3	21.8	7.6	1.1
三、财产性纯收入	71.0	33.8	37.2	28.1	1.7	0.2
四、转移性纯收入	588.0	292.3	295.7	26.2	13.2	1.9

2.3.3 广西农民人均纯收入水平与全国差距情况

2011–2013 年，广西农民人均纯收入年均名义增长 14.3%，比全国平均水平 14.5% 低 0.2 个百分点。2013 年广西农民人均纯收入总量仅相当于全国的 76.3%，比全国少 2105 元，比 2012 年的 1909 元有所扩大。其中，工资性收入少 1313 元，占总差额的 62.4%，家庭经营性收入少 374 元，占 17.8%，财产性收入少 222 元，占 10.5%，转移性收入少 196 元，占 9.3%。同时，收入五等份分组五项指标中，广西平均每人纯收入、工资性收入、家庭性收入、财产性收入、转移性收入等按收入五等份分大多处于中等偏下户的水平。2010–2013 年广西农民人均纯收入与全国差距情况见表 9。

表 9　2010-2013 年广西农民人均纯收入与全国差距情况

		2010 年	2011 年	2012 年	2013 年
广西	总量 (元)	4543	5231	6008	6791
	增幅 (%)	14.1	15.1	14.8	13.0
全国	总量 (元)	5919	6977	7917	8896
	增幅 (%)	14.9	17.9	13.5	12.7
与全国差额 (元)		−1376	−1746	−1909	−2105
广西相当于全国 (%)		76.8	75.0	75.9	76.3

2.3.4　广西城乡居民收入差距情况分析

从城乡居民收入绝对数看，城乡居民收入差额逐渐扩大，2013 年广西城镇居民人均可支配收入为 23305 元，农民人均纯收入为 6971 元，绝对值差距达到 16514 元。1980 年绝对差额仅为 282 元，1992 年绝对差额突破 1000 元，1993 年绝对差额即超过了 2000 元，2008 年城乡收入差距突破万元大关，为 10456 元，是当年农民人均纯收入的 2.83 倍。进入 21世纪以来，绝对值差额进一步扩大，速度加剧，从 2000 年的 3970 元到2013 年的 16514 元，13 年间绝对差距增长了 3 倍多。见表 10。

表 10　城乡居民收入差距

年份	城镇居民人均可支配收入		农民人均纯收入		收入差额	城乡居民收入比
	绝对数 (元)	比上年 ±%	绝对数 (元)	比上年 ±%		
1980	455		173		282	2.62
1981	429	−5.7	204	17.9	225	2.10
1982	427	−0.6	235	15.2	192	1.82
1983	444	4.1	262	11.5	182	1.69
1984	563	26.8	267	1.9	296	2.11
1985	683	21.4	303	13.5	380	2.25
1986	784	14.7	316	4.3	468	2.48
1987	899	14.7	354	12.0	545	2.54
1988	1159	28.9	424	19.8	735	2.73
1989	1304	12.5	483	13.9	821	2.70

年份	城镇居民人均可支配收入		农民人均纯收入		收入差额	城乡居民收入比
	绝对数 (元)	比上年 ±%	绝对数 (元)	比上年 ±%		
1990	1448	11.0	639	3.5	809	2.26
1991	1614	11.4	658	3.0	956	2.45
1992	2104	30.4	732	11.2	1372	2.88
1993	2895	37.6	885	20.9	2010	3.27
1994	3981	37.5	1107	25.1	2874	3.60
1995	4792	20.4	1446	30.6	3346	3.31
1996	5033	5.0	1703	17.8	3330	2.96
1997	5110	1.5	1875	10.1	3235	2.73
1998	5412	5.9	1972	5.2	3440	2.74
1999	5620	3.8	2048	3.9	3572	2.74
2000	5834	3.8	1865	−9.0	3970	3.13
2001	6666	14.3	1944	4.3	4721	3.43
2002	7315	9.8	2013	3.5	5303	3.63
2003	7785	6.4	2095	4.1	5690	3.72
2004	8177	5.0	2305	10.0	5872	3.55
2005	8917	9.0	2495	8.2	6422	3.57
2006	9899	11.0	2771	11.1	7128	3.57
2007	12200	23.2	3224	16.3	8976	3.78
2008	14146	16.0	3690	14.5	10456	3.83
2009	15451	9.2	3980	7.9	11471	3.88
2010	17064	10.4	4543	14.1	12521	3.76
2011	18854	10.5	5231	15.1	13623	3.60
2012	21243	12.7	6008	14.8	15235	3.54
2013	23305	9.7	6791	13	16514	3.43

从城乡居民收入比看(城镇居民人均可支配收入与农村居民人均纯收入比值,以农村居民人均纯收入为1),广西城乡居民收入比呈现出整体上涨趋势,但有较为明显的波动。自1980年的收入比2.62开始,降至1983年的1.69,达到最低,然后逐渐上涨至1988年的2.73,然后又

出现小幅回落至 2.26，自 20 世纪 90 年代开始大幅上涨至 3.596 后出现回落，在 90 年代后期持续保持 2.7 左右的水平，进入新世纪后，城乡收入比从 2000 年的 3.129 波动上涨至 2013 年的 3.43，13 年间收入比均值为 3.6，整体较为稳定地在 3.6 左右波动，最大差距出现在 2009 年，达到 3.882，这与当年全球金融危机不无关系。见图 3。

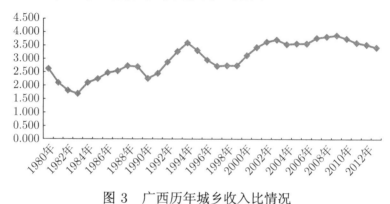

图 3　广西历年城乡收入比情况

2.3.5　广西各地区农民收入情况

广西由于自然、经济条件差异，区域发展不均衡，从地市看，2013 年，农民人均纯收入最高的是防城港市，为 8557 元，接近全国平均水平，相当于全国平均水平的 96.2%，是全区平均水平的 1.23 倍，农民人均纯收入最低的是崇左市，仅为 4968 元，仅相当于全国平均水平的 55.8%，相当于防城港市的 58%，是全区平均水平的 71.3%。同时，超过全区平均数的地市有 9 个，其中，有 5 个地区农民人均纯收入超过 8000 元，仅有贺州、百色、河池、崇左四个地区低于全区平均数。

从 91 个县域看，东兴市农民人均纯收入最高，为 10542 元，那坡县最低，为 4025 元，仅相当于东兴市的 38.2%，相当于广西水平 59.3%。与 2010 年相比，农民人均纯收入最低县相当于最高县的 37.5%，相当于广西水平的 57.2%，分别提高了 0.7、2.1 个百分点。同时，城乡教育文化、医疗卫生、社会保障等社会事业发展不平衡，城乡居民享受公共服务不均等。见表 11。

表 11 2013 年广西各市农村居民纯收入

市、县 (区)	纯收入	工资性收入	家庭经营纯收入	财产性收入	转移性收入
全区	6791	2712.27	3420.36	70.44	587.83
南宁市	7685	2660	4386	265	376
柳州市	7663	2220	4716	215	512
桂林市	8361	2960	4772	221	408
梧州市	7475	3411	3232	124	708
北海市	8239	2318	5383	206	332
防城港市	8557	2216	5655	176	510
钦州市	8054	3574	4013	107	361
贵港市	8189	3423	4126	177	463
玉林市	8272	4043	3758	85	385
百色市	5409	1715	3072	22	600
贺州市	6557	2951	3095	92	419
河池市	5198	2508	2085	57	550
来宾市	7085	1928	4716	77	364
崇左市	4968	861	3678	104	390

　　家庭经营纯收入作为农民居民纯收入的主要构成部分，2013 年，广西各地市家庭经营收入最高的是防城港市，达到 5655 元，比百色、河池、崇左的农民人均纯收入还高。家庭经营性收入最低的是河池，仅为 2085 元。从比重情况看，家庭经营收入占纯收入比重最大的是崇左市，达到 74.03%，结合该地区可支配收入全区低的情况，可以看出，该市农民收入来源仍较为传统，结构较为单一。见表 12。

表 12 各市 2013 年农民人均家庭经营纯收入情况

市、县 (区)	人均纯收入	#家庭经营纯收入	第一产业纯收入	第二产业纯收入	第三产业纯收入	家庭经营收入占纯收入的比重 (%)
自治区	6791	3420	2943	93	384	50.361
南宁市	7685	4386	3643	294	447	57.072

续表

市、县 (区)	人均纯收入	#家庭经营纯收入	第一产业纯收入	第二产业纯收入	第三产业纯收入	家庭经营收入占纯收入的比重 (%)
柳州市	7663	4716	4144	142	375	61.542
桂林市	8361	4772	3643	294	835	57.075
梧州市	7475	3232	2371	215	646	43.237
北海市	8239	5383	4345	164	874	65.336
防城港市	8557	5655	4675	41	940	66.086
钦州市	8054	4013	3391	180	443	49.826
贵港市	8189	4126	3278	350	499	50.385
玉林市	8272	3758	2759	194	806	45.430
百色市	5409	3072	2622	90	360	56.794
贺州市	6557	3095	2376	146	573	47.201
河池市	5198	2085	1657	159	269	40.112
来宾市	7085	4716	4056	188	472	66.563
崇左市	4968	3678	3377	51	167	74.034

　　从近几年各地市农民人均纯收入增长情况看，各市增长均较为迅速，2010 年至 2103 年间，全区农民人均纯收入年均增加 749 元，年均增长率为 14.34%。从各市情况看，大部分地市 2010 至 2013 年均增长率都在全区平均水平之上。仅有河池和崇左增速较低。增长速度上存在巨大差距。见表 13。

表 13　各市 2010-2013 年农民人均纯收入增长情况

	2010 年	2011 年	2012 年	2013 年	年均增长率 (%)	2013 年与 2010 年差额
自治区	4543	5231	6008	6791	14.34	2248.0
南宁市	5005.5	5848.4	6770	7685	15.36	2679.5
柳州市	4934.7	5721.2	6746.5	7663	15.80	2728.3
桂林市	5487.4	6324.8	7327.6	8361	15.07	2873.6
梧州市	4879.0	5651.4	6592.1	7475	15.28	2596.0
北海市	5426.2	6248.5	7226.9	8239	14.94	2812.8
防城港市	5628.1	6502.4	7539.1	8557	14.99	2928.9

续表

	2010 年	2011 年	2012 年	2013 年	年均增长率（%）	2013 年与 2010 年差额
钦州市	5340.2	6166.8	7140.4	8054	14.68	2713.8
贵港市	5289.4	6257.4	7253.1	8189	15.68	2899.6
玉林市	5302.0	6269.4	7268.7	8272	15.98	2970.0
百色市	3460.9	4052.4	4773.9	5409	16.05	1948.1
贺州市	4297.6	4963.3	5823.4	6557	15.12	2259.4
河池市	3598.6	4117.9	4620.4	5198	13.04	1599.4
来宾市	4659.1	5382.4	6231	7085	14.99	2425.9
崇左市	4621.3	5370.0	6263.4	4968	2.44	346.7

2.4　农村居民消费状况

城乡居民消费水平和消费结构差距明显。从主要年份的城乡居民消费水平变化趋势看，改革开放以来，城乡居民人均消费支出呈逐年上升趋势，但收入水平的差距一直存在，导致农村居民消费性支出小于城镇居民消费性支出，二者绝对数差距逐年增大，但二者比值从 1995 年的 3.54 逐渐降至 2013 年 2.96。自 2000 年以来，支出比均小与于收入比。见图 4。

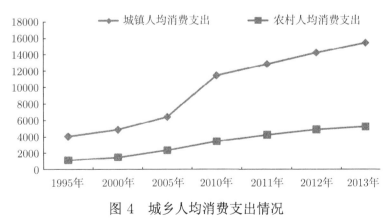

图 4　城乡人均消费支出情况

从二者的具体消费支出结构看，城市居民的消费重点从吃穿用等基本消费向新型消费领域转移，农村居民消费重点也从生存转向生存与发展并重的格局。从食品支出占消费支出的比重看，城镇恩格尔系数从 1995 年 50.95% 下降到 2000 年的 39.9%，到 2004 年上涨为 44%，之后开始出现稳步下降趋势，2013 年恩格尔系数为 37.89%，城镇居民基本实现了从温饱到小康的转变，逐步开始从小康迈向富裕。而同时，农村恩格尔系数也从 1995 年 61.3% 逐年下降至 2003 年的 51.3%，然后上涨至 2004 年的 54.3%，又出现一个降低-上升的趋势至 2008 年达到 53.4%，然后开始逐年下降，2013 年，农村恩格尔系数为 40%。可以说，农村居民也基本实现了从贫困到温饱的转变，逐步迈入了小康。

从医疗保健在消费支出的比重来看，城镇居民医疗保健支出从 1995 年的 2.45% 上涨至 2013 年的 5.03%，其中 2012 年达到 6.2%。可见城镇居民在医疗方面开始逐渐看重，支出水平有所提高。而农村居民医疗保健支出占消费支出的比重从 1995 年 2.54% 上涨至 2013 年的 7.94%，进一步凸显农村居民看病难、看病贵的现实，因病返贫、因病致贫的现象屡有发生。

城镇居民用于衣着、家庭设备用品及服务、杂项商品及服务方面的支出占总消费支出的比重总体呈下降趋势，衣着支出比重从 1995 年的 8.77% 波动下降至 2013 年的 6.59%。家庭用品支出比重从 1995 年的 9.49% 波动下降至 7.05%，下降了 2.45 个百分点。农村居民的衣着支出比重从 1995 年的 4.3% 缓慢下降至 2013 年的 3.28%，仅下降了 1 个百分点。

城镇居民支出比重上升最快的是交通和通信支出，从 1995 年的 5.23% 迅速上涨至 2013 年的 16.64%，可见城镇居民在出行方面、通讯等方面的要求更高，支出比重变大，上涨了 11.41 个百分点，农村居民在交通和通信支出方面也有很大的提高，从 1995 年的 2.39% 上升至 2013 年的 10.1%，上涨了 7.71 个百分点。

农村居民支出比重上升最快的居住消费支出，从 1995 年的 12.2% 上升至 2013 年的 26.13%，上涨了 13.93 个百分点，而在娱乐教育文化方面的支出却从 1995 年的 11.17% 下降至 2013 年的 5.12%。见表 14 和表 15。

表 14 主要年份城镇居民人均生活消费支出情况

项目	1995 年	2000 年	2005 年	2010 年	2011 年	2012 年	2013 年
家庭总支出 (元)	4879.15	6097.68	8184.1	16155.17	17125.96	18889.23	19972.33
消费支出 (元)	4045.83	4852.31	6424.24	11490.08	12848.37	14243.98	15417.62
食品	2061.47	1936.1	2730.91	4372.75	5074.49	5552.56	5841.16
衣着	355	313.43	469.78	926.42	1019.34	1146.46	1015.88
家庭设备用品及服务	384.18	436.89	379.43	853.59	884.85	1125.39	1086.46
医疗保健	99.02	228.01	381.69	625.45	779.08	883.56	776.26
交通通讯	211.41	372.78	647.7	1973.04	2000.57	2088.64	2564.92
娱乐教育文化服务	452.25	585.68	866.12	1243.71	1502.65	1626.05	2083.99
居住	325.52	752.54	736.49	1166.85	1237.91	1377.26	1662.50
杂项商品和服务	156.98	226.97	214.12	328.27	349.48	444.06	386.46
消费支出构成 (%)	**100**	**100**	**100**	**100**	**100**	**100**	**100**
食品	50.95	39.9	42.5	38.06	39.5	38.98	37.89
衣着	8.77	6.46	7.31	8.06	7.93	8.05	6.59
家庭设备用品及服务	9.49	9	5.9	7.43	6.89	7.90	7.05
医疗保健	2.45	4.7	5.94	5.44	6.06	6.20	5.03
交通通讯	5.23	7.68	10.08	17.17	15.57	14.66	16.64
文教娱乐用品及服务	11.18	12.07	13.48	10.82	11.7	11.42	13.52
居住	8.05	15.51	11.46	10.16	9.63	9.67	10.78
杂项商品和服务	3.88	4.68	3.33	2.86	2.72	3.12	2.50

表 15 主要年份农户人均生活消费支出情况

项目	1995 年	2000 年	2005 年	2010 年	2011 年	2012 年	2013 年
平均每人生活消费支出 (元)	1143.04	1487.96	2349.60	3455.29	4210.89	4877.63	5205.60
食品消费	700.40	824.97	1186.71	1675.41	1844.94	2085.63	2084.68
衣着消费	49.17	51.58	79.48	110.46	123.93	156.47	170.94
居住消费	139.48	201.12	379.65	692.51	1018.56	1200.80	1360.45
家庭设备用品及服务	51.98	62.95	95.47	192.77	241.61	274.63	281.08
医疗保健	29.04	52.38	123.39	228.99	301.25	383.95	413.40
交通和通信	27.33	64.83	214.07	310.30	384.81	453.01	516.29
文教娱乐用品及服务	127.69	186.76	226.38	182.55	218.72	214.30	276.23

续表

项目	1995 年	2000 年	2005 年	2010 年	2011 年	2012 年	2013 年
其他商品和服务	17.95	43.37	44.45	62.30	77.07	108.84	102.53
构成（％）	**100**	**100**	**100**	**100**	**100**	**100**	**100.00**
食品消费	61.28	55.44	50.51	48.49	43.81	42.76	40.05
衣着消费	4.3	3.47	3.38	3.2	2.94	3.21	3.28
居住消费	12.2	13.52	16.16	20.04	24.19	24.62	26.13
家庭设备、用品及服务	4.55	4.23	4.06	5.58	5.74	5.63	5.40
医疗保健	2.54	3.52	5.26	6.63	7.15	7.87	7.94
交通通讯	2.39	4.36	9.11	8.98	9.14	9.29	10.10
文教娱乐用品及服务	11.17	12.55	9.63	5.28	5.19	4.39	5.12
杂项商品和服务	1.57	2.91	1.89	1.80	1.83	2.23	1.97

第3章 农村住户调查基本情况

本章以 2007–2012 年广西各市县农村住户调查数据为基础,基于核密度估计统计方法分别从不同角度探讨广西农民家庭人均总收入、家庭人均主要收入来源、家庭人均总支出以及家庭人均总各项费用支出等总体变化趋势,揭示近几年来广西农民家庭生产生活的发展情况。

3.1 广西各市县 (区) 农村住户调查的基本情况

3.1.1 历史背景

农村住户调查是一项以农村住户为调查对象,以农村居民家庭收支情况、家庭所在村的发展情况、家庭基本情况、居住情况、住户成员与劳动力从业情况、农业生产结构调整与技术应用情况为主要调查内容的一种非全面调查,其任务是搜集和整理有关这些方面的资料,进行分析研究,为农业决策提供依据。

很多国家把农村住户调查列为重要调查项目。如在俄国十月革命前,列宁就曾广泛地利用俄国地方自治局的农户收支统计资料,有力地证明俄国资本主义在农村中的发展。中国于 1955 年曾进行全国性的农民家计调查。这项调查对研究农村土地改革以后的阶级变化、农业合作化前农业生产发展情况以及不同阶层农民物质文化生活的变化都很有价值。1978 年中国共产党十一届三中全会以后,广大农村普遍实行了以家庭经营为基础的联产承包责任制,农民家庭不只是消费单位,还是重要的生产经营单位。因此,对农村住户进行全面调查,对全面了解农村经济情况,对研究整个农业的生产、分配、交换、消费极为重要。为了适应农村的形势发展需要,1984 年将农民家计调查改为农村住户调查,由国家统计局农村抽样调查队组织实施。

广西各市、县 (区) 农村住户调查比全国晚将近 20 年, 进入 21 世纪后, 为响应国家全面建设小康社会做出的重要部署, 广西各级党委政府高度重视 "三农" 工作和民生的改善, 这为反映和监测广西农村社会经济发展及农民生产生活状况, 满足各级党委、各级人民政府制定提高农民收入的政策措施提供真实可靠的依据, 2000 年 8 月份, 广西壮族自治区人民政府办公厅下发了《自治区人民政府办公厅关于建立和完善我区农民人均纯收入统计调查核算体系的通知》(桂政办发 [2000]156 号), 从 2001 年起, 广西各市、县 (区) 农村住户调查工作才得以全面组织实施。

3.1.2　调查制度依据

在不同的社会和历史条件下, 农村住户调查的目的和要求不同, 调查的内容也不一样。全国农村住户调查的主要内容包括: 农村住户基本情况、生产情况、收入支出、主要实物消费量和主要耐用物品年末拥有量、收支平衡表等。广西农村住户调查是在国家统计局每年制定的《农村住户调查方案》的基础上, 结合当地的实际情况增添了一些特色指标形成《广西各市县 (区) 农村住户调查方案》并上报国家统计局备案后实施。

3.1.3　调查对象和填报对象

农村住户调查对象为农村常住户, 农村常住户是指在农村范围内居住或即将居住半年以上的家庭户。农村住户调查中农村范围具体是指统计上使用的新的城乡划分中 "乡村" 类别中的所有村委会、居委会、类似村委会和类似居委会, 以及 "城镇" 类别中所有的村委会和类似村委会。户口不在本地而在本地居住或即将居住半年及以上的住户也包括在本地农村常住户范围内; 有本地户口, 但举家外出谋生半年以上的住户, 无论是否保留承包耕地都不包括在本地农村住户范围内。填报对象为所有住户成员, 包括经常居住在本户的人员、户籍在本户但不在本户居住的人员, 以及不在本户居住但由本户供养的在外就学的学生。

3.1.4 抽样规则

全国农村住户采用三阶段、对称等距、随机抽样的方法，即在每个省抽县、县抽村、村抽户的方法抽取样本，国家调查结果仅对全国和分省具有代表性。广西各市县农村住户调查采用分层抽样、整群抽样、随机抽和等距抽样等多种抽样技术相结合的抽样方法，抽样过程与国家抽样过程基本一致。全区共 111 个县 (市、区) 全部参与调查，抽样设计以各县 (市、区) 为总体，并根据各县 (市、区) 人口规模，分别抽选不同数量的样本数量，各县 (市、区) 的样本数量在 80-140 户。具体抽选调查户方法：先是以县 (市、区) 为单位，依据 PPS(按口比规模比例抽样) 抽样原则随机抽选调查村，再对所抽中村进行摸底调查，将摸底调查户按照最近一年人均生活水平 (收入水平或粮食产量等) 指标排队，随机起点，对称等距按每村抽取 10 户调查户做为调查县样本，2011 年新一轮样本轮换选定调查户方法有一点变动，其采用的是按户地址码排队后随机取点、等距抽样，按每村抽取 10 户调查户做为调查县样本。各市调查结果由其所辖县 (市、区) 调查样本进行推算得到。

3.1.5 样本量及分类特征

根据《广西各市县 (市、区) 农村住户调查方案》，2007-2010 年广西 111 个县 (市、区) 调查样本规模为 11300 户，2011 年新一轮样本轮换后，2011-2012 年样本规模为 10590 户，2007-2012 年各市样本规模详见表 16。

表 16 **2007-2012 年广西各市农村住户调查样本规模表** (单位：户)

地区	2007-2010 年	2011-2012 年	地区	2007-2010 年	2011-2012 年
广西	11300	10590	梧州市	660	660
南宁市	1300	1230	北海市	390	370
柳州市	860	790	防城港市	400	400
桂林市	1470	1440	钦州市	500	500

地区	2007–2010 年	2011–2012 年	地区	2007–2010 年	2011–2012 年
贵港市	640	580	河池市	1140	990
玉林市	840	840	来宾市	640	550
百色市	1240	1050	崇左市	700	670
贺州市	520	520			

数据来源：2007–2012 年《广西统计年鉴》

按调查户从业类型 (按总收入比重计算) 分类，2007 年农业户为 2426 户，占 21.5%，农业兼业户 5462 户，占 48.3%，非农业兼业户 3156 户，占 27.9%，非农业户为 256 户，占 2.3%。由于经济、社会的发展，随着时间的推移，调查户类型结构有所变化，非农业兼业户和非农业户调查户比重有所提高，2012 年农业户、农业兼业户比重比 2007 年分别下降 4.3 和 4.5 个百分点，非农业兼业户、非农业户比重比 2007 年分别高 6.5 和 2.3 个百分点。详情见表 17。

表 17   2007 年及 2012 年调查户分类情况表(按从业类型分)

指标	户数 (户)		比例 (%)	
	2007 年	2012 年 (户)	2007 年	2012 年 (户)
农业户	2426	1817	21.5	17.2
农业兼业户	5462	4642	48.3	43.8
非农业兼业户	3156	3645	27.9	34.4
非农业户	256	486	2.3	4.6
合计	11300	10590	100	100

从调查村情况看，按地势类型划分，2006–2010 年，调查村分布在平原村的为 106 个，占 9.4%，分布在丘陵村的为 607 个，占 53.7%，分布在山区村的为 417 个，占 36.9%，样本分样符合广西 "八山一水" 地形特点，多数样本主要分布在群山环抱、山地多、土地贫瘠的山区丘陵地带。2011 年实施新一轮样本轮换，调查村地形分布情况与上一轮分布情况基本一致，详细见表 18。

表 18 2007-2012 年广西各市县农村住户调查村地形分布情况表

指标	调查村个数 (个)		调查村比例 (%)	
	2007-2010 年	2011-2012 年	2007-2010 年	2011-2012 年
平原村	106	117	9.4	11.0
丘陵村	607	575	53.7	54.3
山区村	417	367	36.9	34.7
总数	1130	1059	100	100

按调查村距离乡政府、县城远近程度分，2007-2010 年调查村离乡镇政府最近距离为 0-2 公里的为 165 个，2-5 公里的为 342 个，5-10 公里的为 317 个，10-20 公里的为 248 个，20 公里以上的为 58 个，各分类占比分别为 14.6%、30.3%、28.3%、21.9% 和 5.1%，绝大部离乡镇政府所在地都在 20 公里之内；离县城最近距离为 0-2 公里的为 40 个，2-5 公里的为 69 个，5-10 公里的为 97 个，10-20 公里的为 225 个，20 公里以上的为 699 个，各分类占比分别为 3.5%、6.1%、8.6%、19.9% 和 61.9%，大多数调查村离县城都比较远。2011 年实施新一轮样本轮换，本样的地理分布结构变化不大，详细请见表 19。

表 19 2007-2012 年调查村距离乡政府、县城最近程度情况(单位: 个、%)

指标	距乡镇政府				距县城			
	2007-2010 年		2011-2012 年		2007-2010 年		2011-2012 年	
	村数	比重	村数	比重	村数	比重	村数	比重
0-2 公里	165	14.6	140	13.2	40	3.5	38	3.6
2-5 公里	342	30.3	324	30.6	69	6.1	60	5.7
5-10 公里	317	28.1	343	32.4	97	8.6	97	9.2
10-20 公里	248	21.9	205	19.4	225	19.9	205	19.4
20 公里以上	58	5.1	47	4.4	699	61.9	659	62.2

从调查村人口规模上看，2007 年，最小的调查村人口数为 127 人，最大的调查村人口数为 12360 人，调查村人口规模为 1000-4000 的村近七成。2011 年实施新一轮样本轮换后，人口规模偏大的村比重有明显扩大，4000 人以上的村占 31.2%，与上轮同样规模的样本村比，多 5.7 个百

分点。两轮调查样本村规模分布变化不大。详细请见表 20。

表 20 2007–2012 年不同人口规模调查村分布情况表

指标	调查村数量（个）		调查村占比例（%）	
	2007–2010 年	2011–2012 年	2007–2010 年	2011–2012 年
0–1000	52	60	4.6	5.7
1000–2000	246	192	21.8	18.1
2000–3000	319	270	28.2	25.5
3000–4000	225	207	19.9	19.5
4000–5000	130	157	11.5	14.8
5000–	158	173	14.0	16.3

3.2 农村居民主要指标分布测度方法

3.2.1 非参数密度估计

在统计学中，经济变量的分布是指变量的不同水平与其比重之间的统计规律或函数形式。统计分布可以用于对变量进行测度，比较变量之间差异，分布测度方法大致可以分为参数密度估计和非参数密度估计两大类。

一般来说，参数统计方法都是基于先对待分析数据的总体分布形式已知的假定后，再利用所假设的分布性质进行参数估计或假设检验。若数据的总体分布形式与假定分布形式相符，则参数统计方法具有很高的准确性，在经济变量差异问题的早期研究中，用参数统计方法比较多，假设的分布形式主要有帕雷托分布 (Pareto distribution)、伽马分布 (Gamma distribution) 和对数正态分布 (Log-normal distribution)。但若数据的总体分布形式与假定分布形式不相符时，参数估计或假设检验得出的结论往往是不可靠的，甚至是错误的。为了深入分析农村居民收入、消费等各因素之间的影响关系，我们选用 20 世纪 30 年代兴起的非参数统计方法进行统计分析。同参数统计方法相比，非参数统计方法具有如下特点。

(1) 适用面广，假定条件较少。非参数统计方法的适用范围比参数统计方法广。它不仅可以用于定距、定比尺度的数据,进行定量资料的分析研究,还可以用于定类、定序尺度的数据,对定性资料进行统计分析研究。非参数统计方法无须假定总体的分布类型,更适合于一般的情况,而参数统计方法要求被分析数据的总体必须遵从某种特定分布,这一要求通常是过高的,一旦总体实际分布类型同假定分布类型不符,则做出的判断会与实际相差甚远。

(2) 具有良好的稳健性。稳健性 (roubustness) 反映这样一种性质: 当真实模型与假定的理论模型有不大的偏离时,统计方法仍能维持较良好的性质,至少不会变得很坏。非参数统计方法对模型的限制较少,一般不假定其具有何种分布类型,故具有天然稳健性,当总体模型稍有变动时,对结论没有太大的影响。

3.2.2 非参数核密度估计

核密度估计 (kernel density estimation) 是在概率论中用来估计未知的密度函数,属于非参数检验方法之一,由 Rosenblatt (1955) 和 Emanuel Parzen(1962) 提出,又名 Parzen 窗 (Parzen window)。Ruppert 和 Cline 基于数据集密度函数聚类算法提出修订的核密度估计方法。

核密度估计原理与直方图的原理类似,它是计算某一固定点周围点的个数,离该固定点近一些的点赋予权重大些,远一些的点赋予权重小些。Parzen 于 1962 年最早提出核密度估计方法,对于数据 $x_1, x_2, \cdots, x_n$,核密度估计的表达式为

$$f_n(x) = \frac{1}{nh} \sum_{i=1}^{n} K\left(\frac{x - x_i}{h}\right) \tag{3.1}$$

其中 $f_n(x)$ 为总体未知函数 $f(x)$ 的核密度估计,核函数 $K(\cdot)$ 是一个权函数,其满足 $\int K(x)\mathrm{d}x = 1$,核函数的形状和值域是用来估计 $f(x)$ 在点 x 的值时所有用到数据点的个数和用这些数据点时每个点所起的作用程度,x_i 离 x 越近起的作用就越大,离得越远起的作用就越小。通常情况下,如果样本容量足够大的情况下,非参数估计对核的选择并不敏感,窗宽 h 的选择对估计量的影响比较大,如果 h 选择太小,密度估计则偏

向于把概率密度分配得太局限于观测数据附近, 导致估计密度函数有很多错误的峰值, 如果 h 选择太大, 密度估计就把概率密度贡献散得很开, 导致拟合曲线过于光滑面忽略样本的某些波动特征, 因此, 在非参数核密度估计中, 窗宽 h 的选择才是关键的核心问题。

通常由积分均方误差 $\mathrm{MSE}(h)$ 来判别密度估计好坏的准则,

$$\mathrm{MSE}(h) = \mathrm{AMISE}(h) + o\left(\frac{1}{nh} + h^4\right) \tag{3.2}$$

其中,

$$\mathrm{AMISE}(h) = \frac{\int K^2(x)\mathrm{d}x}{nh} + \frac{h^4\sigma^4 \int [f^n(x)]^2\mathrm{d}x}{4} \tag{3.3}$$

$\dfrac{\int K^2(x)\mathrm{d}x}{nh}$ 是偏差项, $\dfrac{h^4\sigma^4 \int [f^n(x)]^2\mathrm{d}x}{4}$ 是方差项, 偏差项是估计量对 $f(x)$ 光滑修正程度, 估计的偏差越小, 表明模型的复杂程度越高, 但同时方差项会增大, 所以要使 $\mathrm{AMISE}(h)$ 最小化, 则必须选择 h 的某个中间值平衡这两项。核密度估计选用最优的带宽方程法是

$$h = \left(\frac{\int K^2(x)\mathrm{d}x}{n\sigma^4 \int [f^n(x)]^2\mathrm{d}x}\right)^{\frac{1}{5}} \tag{3.4}$$

最优带宽方程给出了渐近的最优带宽。核密度估计常用的带宽选择方法主要包括插入带宽 (plug-in band-width) 法、交叉验证 (cross-validation) 法和适应核 (adaptive-kernel) 法, 在此不过多展开。

3.2.3　适应性核密度估计

插入法和交叉验证法都是核密度估计带宽选择的主要方法, 出发点都是从直方图的分析角度演化过来, 其共同特点是一旦带宽选定后, 在整个分析过程中带宽是固定不变的, 但是由于不同的区域, 样本量的分布是不一样的, 因此, 理想的带宽选择应该与样本数据点分散程度有关, 样本分布稠密的区域, 带宽应该选择窄一些, 样本分布稠密稀疏的区域

应该选择宽一些，适应性核法可以满足这样的要求。而插入带宽法和交叉验证法却无法做到，使用适应性核法能够减小样本观测值较小区域所估计的方差，同时也可以减少样本观测值较多区域所估计的偏差。因此，在本书中我们引入适应性核做为分析广西农村家庭人均收支差异变化趋势的主要分析工具，这使得核密度估计更加灵活，更加适用于长尾 (long-tailed) 密度函数的估计 (van Kerm，2003)。

适应性核密度估计是在固定宽核密度函数的基础上，通过修正窗宽参数为 $w\lambda_j$ 而得到的，其表达式为

$$f_n(x) = \frac{1}{n} \sum_{i=1}^{n} \frac{1}{w\lambda_j} K\left(\frac{x - x_j}{w\lambda_j}\right) \tag{3.5}$$

其中，λ_j 为局部带宽因子，其为

$$\lambda_j = \left\{ \left[\prod_{k=1}^{n} f(x^{(k)})\right]^{\frac{1}{n}} \Big/ f(x^{(j)}) \right\}^{\alpha} \tag{3.6}$$

(3.6) 式中，$0 \leqslant \alpha \leqslant 1$，通常当 $\alpha = 0$ 或 $\alpha = 1$ 时，适应性核密度估计方法变成固定宽核密度估计方法。窗宽参数 w 为

$$w_j = n_d^{-\frac{1}{n+4}} \tag{3.7}$$

其中，n_d 为不同样本的个数 $(n_d \leqslant n)$。

3.3　广西农村家庭收入差异变化趋势分析

近年来，广西贯彻落实中央关于农业农村工作的各项方针改革，进一步加大农村基础设施建设，以增加农民收入为核心，采取 "多予、少取、放活" 的政策，不断增加农业投入、加快农业结构调整，广西农村经济稳步发展，农民收入逐年提高，生活质量明显改善。2012 年，广西农林牧渔业现价总产值和农民人均纯收入分别达 3490.72 亿元和 6008 元，比 2007 年分别增加了 1464.50 亿元和 2784 元，农村经济总量和农民收入有

了很大提高。但由于历史、民族和自然环境条件原因，广西大多数农村
居民人口居住分散，主要分布在山区、丘陵、喀斯特地貌等地区，交通、
通信等基础设施落后，农村经济产业结构单一、发展不平衡仍突出，农
业抗风险能力差，农民收入差距扩大等问题依然存在，广西长期属于老
少边穷、欠发达地区的属性仍没有改变。从农民家庭收入和各种消费支
出的相关指标情况来看，农村经济的好与坏，农民生活改善与否等 "三
农" 问题都可以得到很好的体现，因此本节安排基于适应性核密度估计
方法分析近年来广西各经济圈、各地区类型、各类村级规模农民收入支
出变化趋势，为下一章定量分析广西农民收入和消费支出的影响做前期
准备。

3.3.1　广西农村家庭人均总收入差异变化趋势分析

1. 农民家庭人均总收入含义

农民家庭总收入指调查期内农村住户和住户成员从各种来源渠道得
到的收入总和 (包括现金收入和实物收入)，按收入的性质划分为工资性
收入、家庭经营收入、财产性收入和转移性收入。一般来说，人员规模多
的家庭，总收入会更多一些，人员规模少的家庭总收入会少一些，以家
庭总收入来测度农村居民的收入状况不具有可比性，因此，在本研究中
我们考虑用家庭人均总收入水平来反映家庭的收入水平。了解农村居民
家庭人均总收入变化趋势，可以全面了解农村居民收入、消费、生产、积
累和社会活动情况，研究农村居民收入和生活质量的变化，满足各级政
府和宏观决策部门研究制定农村经济政策的需要。

2. 数据来源

本研究使用的数据集来自 2007–2012 年广西各市县农村住户调查资
料，为了反映农村家庭真实的收入变化情况，我们以 2007 年数据为基
础，2008–2012 年所有家庭收入和支出数据都做了扣除物价因素处理，2007
–2010 年的实际调查样本量为 11300 户，2011–2012 年新一轮样本轮换后，
实际调查的样本量为 10590 户。去掉由于部分调查户换户或数据缺失致

样本损失后，2007–2010 年最终样本量为 10975 户，2011–2012 年最终样本量为 10589 户。

3. 农民家庭人均总收入水平逐年提高

据 2007–2012 年广西各市县农村住户调查资料整理显示，广西农村居民家庭人均总收入总体上呈现逐年提高的趋势，从 2007 年至 2012 年，最小值从 226 元提高到了 517 元，25% 分位点从 2039 元提高到了 5304 元，中位数从 3049 元提高到了 8034 元，75% 分位点从 4575 元提高到了 12370 元，最大值从 164314 元提高到了 259128 元，尤其是 2011 年后农村居民家庭人均总收入出现了大幅度上升。究其原因一是生猪价格一路攀升，其从 2010 年 6 月底平均价格为 9 元/kg 左右，上涨到 2011 年底平均价格为 20 元/kg 以上，二是甘蔗价格从 2009–2010 年的 300 元/吨左右，飙升到了 2011–2012 年 550 元/吨左右，这些因素都大大调动了农民的生产投入热情，促进了农民家庭人均总收入大幅度提高。见表 21。

表 21　2007–2012 年广西农村居民家庭人均总收入变化趋势

年份	样本量	平均值	标准差	最小值	25%分位点	50%分位点	75%分位点	最大值	偏度	峰度
2007	10975	3874	3910	226	2039	3049	4575	164314	328.1	11.7
2008	10975	4497	4736	203	2325	3511	5276	188018	266.7	10.9
2009	10975	4825	5288	280	2487	3700	5594	194972	254.4	11.2
2010	10975	5411	5979	232	2702	4141	6365	177130	165.5	9.5
2011	10589	8909	7959	335	4600	6985	10573	208496	82.6	6.1
2012	10589	10305	9464	517	5304	8034	12370	259128	104.0	6.8

4. 农民家庭人均总收入内部差异扩大

根据表 21，2007–2012 年广西农村居民家庭人均总收入的偏度都大于 0，且偏度数值比较大，说明在这期间广西农村居民家庭人均总收入数据的特点是长尾且右偏的，在非参数核密度估计中，选择带观理想的办法是随观测样本稠密程度来调整，若采用插入带宽 (plug-in band-width) 法、交叉验证 (cross-validation) 法选出的带宽是固定不变的，所得的核密度估计结果会出现较大的误差, 因此, 在本研究中, 我们采用适应性核密度估计法对 2007–2012 年广西农村居民家庭人均总收入分布进行估计, 估计结果如图 5 所示.

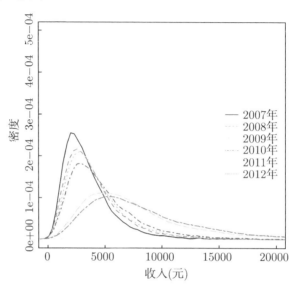

图 5   广西农村居民家庭人均总收入适应性核密度估计图 (后附彩图)

从图 5 可以看出, 2007–2012 年, 随着时间的推移, 广西农村居民家庭人均总收入发生了明显变化, 总体来看, 主要有以下四个共同特点.

(1) 随着时间的推移, 广西农村居民家庭人均总收入整体分布往右移动, 说明广西农村居民家庭人均总收入水平逐年增加.

(2) 广西农村居民家庭人均总收入分布呈右偏分布, 且随着时间往后, 右侧尾部不断延长且增厚, 从表 21 也可以得到进一步验证, 2007–2012 年广西农村居民家庭人均总收入分布的偏度都是正的, 正出现逐年下降趋势, 2007 年的 328.1, 下降到了 104.0, 这说明高收入家庭比重不断提高.

(3) 随着时间往后, 左侧尾部厚度不断下降, 尤其是 2011 年后下降更加明显, 说明低收入家庭比重不断下降, 也说明近几年来中低收入家庭人均总收入增长比较快.

(4) 随着时间往后, 广西农村居民家庭人均总收入分布越来越平坦,尤其是 2011 年后显得更加明显,说明广西各类农村居民家庭人均总收入差距正在逐年扩大,2011 年后扩大更加显。

3.3.2 广西农村居民家庭人均分项收入差异变化趋势分析

为了更加全面地了解广西农村居民家庭各收入来源的变化趋势,我们分别对 2007–2012 年广西农村居民家庭人均工资性收入、人均家庭经营收入、财产性收入和转移性收入进行适应性核密度估计如图 6–图 9 所示。

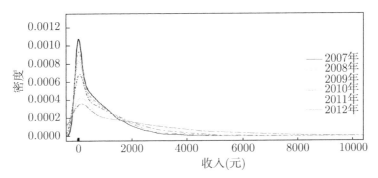

图 6 2007–2012 年广西农民家庭人均工资性收入核密度分布图 (后附彩图)

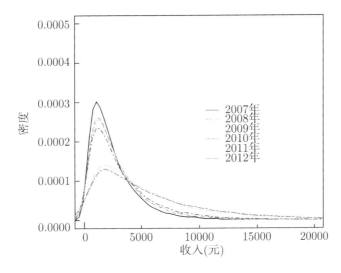

图 7 2007–2012 年广西农民家庭人均家庭经营收入核密度分布图

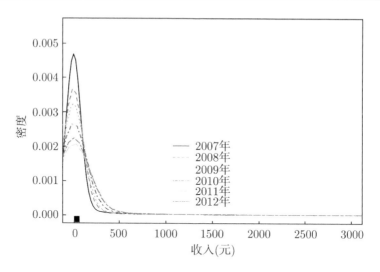

图 8　2007–2012 年广西农民家庭人均财产性收入核密度分布图 (后附彩图)

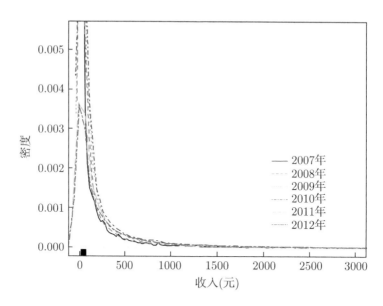

图 9　2007–2012 年广西农民家庭人均转移性收入核密度分布图 (后附彩图)

从图 6 可以看出, 农村居民工资性收入的整体分布并没有呈现出向右侧平移的趋势, 说明农村居民工资性收入并不是整体性普遍提高。2007年以来分布的峰值均保持在 0 附近, 说明不靠工资性收入或很少依靠工资性收入做为家庭收入来源的家庭比重还是比较大的, 但随着市场开放程度加大，农民工工资水平不断提高，务工效益得以保障，农村劳动力输出的力度越来越大，农村居民工资性收入分布在 0 附近的峰值出现明显下降的趋势。同时，在分布的右侧 2000–6000 元区间厚度逐年加大，分布趋于更加平缓，说明农村居民人均工资性收入较高的家庭比重明显增多，工资性收入差异逐年扩大。

从图 7 可以看出，农民家庭人均家庭经营收入的整体分布呈现出向侧小幅平移的趋势，2007–2012 年分布的峰值保持在 2500 元左右，说明这几年来家庭人均经营收入在 2500 元左右的家庭比重并没有太大变化，2011 年之前，右侧尾部的厚度虽然有年增加，但不是很明显，2011 年后，右侧尾部 5000–15000 元的厚度明显加大，说明中高收入家庭比重明显增多，主要原因这两年生猪、甘蔗等大宗农产品价格大幅上涨，极大地调动了农民生产的积极性，有效地提高了多数农村家庭的经营收入水平。

从图 8 可以看出，农民家庭人均财产性收入的整体分布并没有呈现出向右侧平移的趋势，说明农民家庭人均财产性收入并没有整体性增加。2007–2012 年分布的峰值均保持在 0 附近，说明没有财产性收入或很少有财产性收入的家庭占比较多，即使有财产性收入的家庭，数额也比较小，大多数都集中人均 500 以内。从时间上看，分布变得更加平坦、右侧尾部呈现逐年增厚的趋势，反映出了农村居民理财意识有所增强，财产性收入将成农民收入来源之一。

从图 9 可以看出，农民家庭人均转移性收入的整体分布并没有呈现出向右侧平移的趋势，说明农民家庭人均转移性收入并没有整体性增加。2007–2010 年分布的峰值在 0 位置的密度很大，2011 年后明显下降，说明随着时间的往后，国家各项支农补贴、社会保险、养老保险等得以逐渐普及和落实到位，农民家庭人均转移性收入逐年提高。

3.3.3　离乡镇政府远近程度不同的农村家庭人均总收入差异分析

乡镇政府是我国最基层的行政机构，上连接着城市，下连接着农村，乡镇政府工作是党和政府在农村工作的基石，直接关系到农村社会的稳

定与发展，在农村乃至整个国家经济社会发展中发挥着基础性作用。乡
镇政府所在地是国家下达发展农村经济政策的终端，也是农民获取国家
政策最直接最有效的渠道，聚集着农村商业、服务、餐饮、配送、休闲、
金融等于一身的地方，它对周边的农村经济具有最直接的经济辐射作用，
对农民增收有直接的影响作用。从 2007 年、2010 年和 2012 年离乡镇政
府不同距离家庭类型的密度分布图如图 10–图 12 所示。

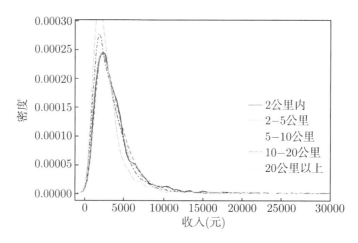

图 10   2007 年离最近乡镇政府不同距离类型家庭的家庭人均
总收入分布图 (后附彩图)

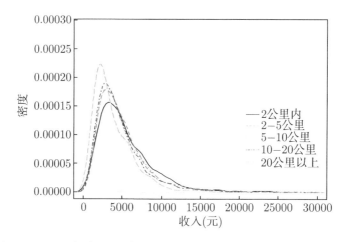

图 11   2010 年离最近乡镇政府不同距离类型家庭的家庭人均
总收入分布图 (后附彩图)

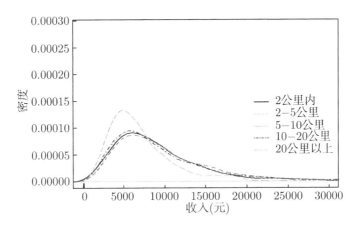

图 12　2012 年离最近乡镇政府不同距离类型家庭的家庭人均
总收入分布图 (后附彩图)

从图 10–图 12 可以发现:

(1) 离乡镇政府不同距离家庭类型的密度分布图的峰值随着时间的推移, 出现了明显的下降趋势, 说明各类型家庭的收入随时间的推移, 收入差异存在明显扩大的趋势。

(2) 各类型家庭人均总收入分布图都是右偏的, 且随着时间的推移分布图有向右移动的趋势, 说明各类型家庭人均总收入随着时间的推移总体上都有所增加。

(3) 同一年里, 超过 20 公里以上的家庭人均总收入分布图峰值明显高于其他类型家庭人均总收入分布图的峰值, 说明离乡镇政府所在地超过 20 公里以上对农村家庭收入最明显, 距离越远低收入人群比重越高, 20 公里以内其余各类型家庭人均总收入分布随着时间的推移, 分布形态越趋于一致, 说明随着时间的推移, 农村交通、通信等各项基础建设日趋完善, 乡镇政府所在地对周边农村经济的辐射范围日益扩大, 辐射能力差异逐渐减弱。

3.3.4　离县城远近程度不同的农村家庭人均总收入差异分析

　　县城是一个县 (县级市) 的行政、经济、文化中心, 是县域中的首位城镇, 在县域工业化、城镇化格局中具有核心地位, 县城凝聚着生产、流通、消费、分配等比较发达各经济环节, 对周边农村经济具有很强的辐射效应, 对周边农民增收产生很强的影响。2007 年、2010 年和 2012 年离县城不同距离家庭类型的密度分布图如图 13-图 15 所示。

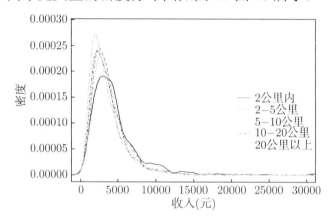

图 13   2007 年离最近县城不同距离类型家庭的家庭人均
总收入分布图 (后附彩图)

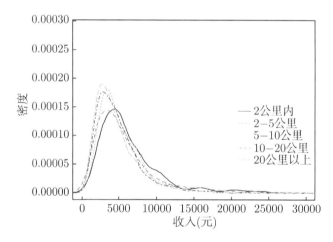

图 14   2010 年离最近县城不同距离类型家庭的家庭人均
总收入分布图 (后附彩图)

从图 13-图 15 可以发现: 2007 年 20 公里以上的家庭人均总收入的密度分布图的峰值明显高于 2 公里以内的家庭, 说明这两者收入分布存在明显的差异, 2 公里以内的家庭收入差异大于 20 公里以上的家庭人均总收入差异; 2-5 公里、5-10 公里和 10-20 公里家庭人均总收入分布除了随着距离越远峰值有一点向右平移外，形态上没有明显的差异，说明县城对农民收入的影响程度在 2–20 公里内差异不大。随着时间的推移，到 2012 年，这种情况有了较大变化，20 公里以上的家庭人均总收入的密度分布图的峰值明显下降，峰值高度与其他类型家庭人均总收入分布的峰值高度差距明显缩小，说明随着时间的推移城县对农民增收的较强辐射能力达到的范围越来越广，但从总体上看，离县城越近的农民家庭人均总收入越高的事实还没有发生变化。

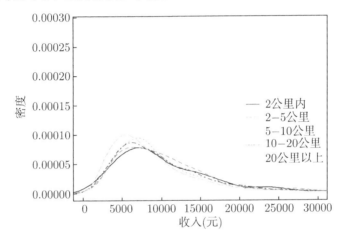

图 15　2012 年离最近县城不同距离类型家庭的家庭人均
总收入分布图 (后附彩图)

3.3.5　离最近乡镇和县城不同距离类型家庭的家庭人均总收入分布差异比较分析

乡镇政府所在地和县城对周边经济都有明显的辐射效应，但相对乡镇政府所在地而言，县城对周边的辐射效应强度更大、范围更广，因为县城一头连接着更大的城市 (地级市和省会城市)，另一头连接着资源丰富的农村，它拥有更完善的基础设施，聚集着更全面的商业体系和规模比较大的常住人口和流动人口，它对周边农村剩余劳动力的容纳、输送，以及对农产品的吸收、集散等都发挥重要的作用，因此县城对周边农民增收的影响是不言而喻的，2007 年、2010 年、2012 年离最近乡镇和县城不同距离类型的家庭人均总收入分布差异情况如图 16–图 18 所示。

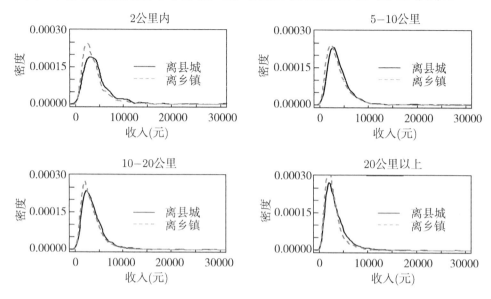

图 16   2007 年离最近乡镇和县城不同距离类型家庭的
家庭人均总收入分布差异比较图

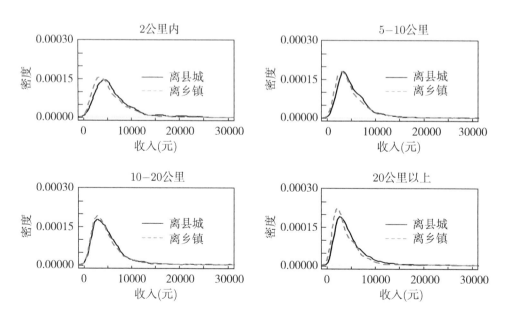

图 17   2010 年离最近乡镇和县城不同距离类型家庭的
家庭人均总收入分布差异比较图

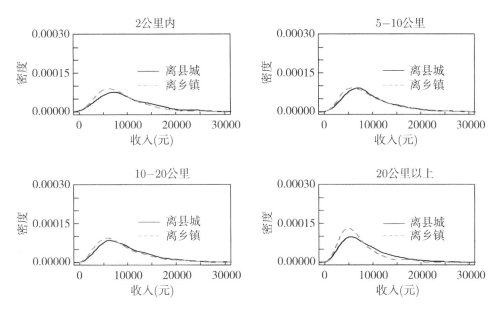

图 18　2012 年离最近乡镇和县城不同距离类型家庭的

家庭人均总收入分布差异比较图

从图 16-图 18 可以发现：按离最近乡镇政府所在地和最近县城距离分类，2007 年，在相同类型中，离最近乡镇政府所在地家庭人均总收入分布的峰值均比离最近城县家庭人均总收入分布的峰值高，且前者的峰值都出现在后者峰值的左侧，说明在离县城与离乡镇政府所在地相同距离的家庭中，家庭人均总收入中等偏上的家庭比重县城的比乡镇的大。随着时间的推移，城镇化步伐加快，农村基础设施越来越完善，交通越来越便利，乡镇政府所在地的商业、物流等功能越来越齐全，农村居民的很多事情以前必须要到县城才能办完，现在到乡镇政府所在地就可以完成，从促进农民增收的角度来说，县城的很多功能日益被乡镇政府所在地取代或被削弱，县城效应和乡镇政府所在地效应日益趋同，以致县城附近的农村居民收入和乡镇政府附近的农村居村收入差异逐年减小。2012 年，除了离最近乡镇政府所在地和最近县城 20 公里以上的家庭人均总收入分布有明显差异外，离最近乡镇政府所在地和最近县城其他类型的分布没有太大的差异，这就是很好的说明。

3.3.6　属不同地势类型的家庭人均总收入分布差异比较分析

广西位于云贵高原东南边缘,地处两广丘陵西部,南临北部湾海面,整个地势自西北向东南倾斜、山岭连绵、山体庞大、岭谷相间,四周多被山地、高原环绕。受到自然环境影响,长期以来,农村的农业基础设施普遍不强,抵抗自然灾害能力差,农村、农业受自然灾害的影响较大,农民文化素质偏低,外出务工就业信息不灵等不利因素的影响,农民靠山吃山、小富即安、平稳度日和懒散习惯没有根本转变,农民生活在不同地理环境下增收情况仍存在较大差异。按农民家庭居住在不同地势类型来分类,2007 年、2010 年和 2012 年广西山区家庭、平原家庭、丘陵家庭的人均家庭总收入分布图如图 19–图 21 所示。

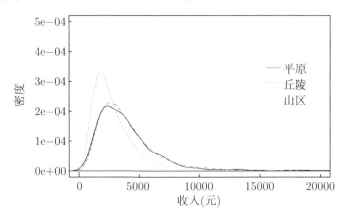

图 19　2007 年不同地势类型家庭农民人均总收入核密度分布图

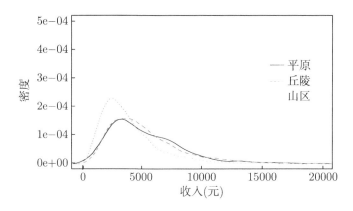

图 20　2010 年不同地势类型家庭农民人均总收入核密度分布图

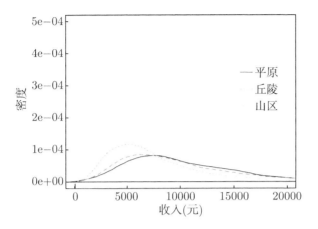

图 21　2012 年不同地势类型家庭农民人均总收入核密度分布图

从图 19–图 21 可以发现：山区家庭人均总收入分布的峰值比平原、丘陵家庭的更靠左，而且峰值高度是最高的。说明山区家庭人均总收入分布是明显偏低的，且低收入人群的比重比较大。平原家庭与丘陵家庭的人均总收入分布没有太大的差异，说明生活平原上和丘陵上的农村居民家庭的收入受地理因素影响不大。从整体上看，随着时间的推移，山区家庭、丘陵家庭和平原家庭的人均总收入分布逐年变得平坦，2011 年后这种情况变化更加明显，说明这三类家庭的内部差异均出现扩大趋势，尤其是 2011 年后扩大的趋势更加突出，2007–2012 年平原、丘陵、山区家庭农民家庭人均总收入分布变化趋势如图 22–图 24 所示。

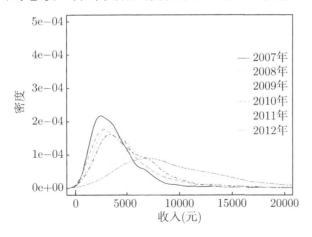

图 22　2007–2012 年平原家庭农民人均总收入核密度分布图 (后附彩图)

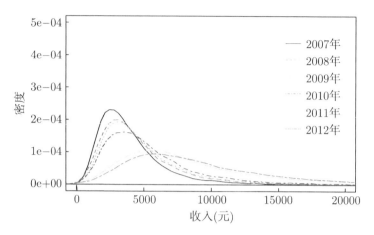

图 23   2007–2012 年丘陵家庭农民人均总收入核密度分布图 (后附彩图)

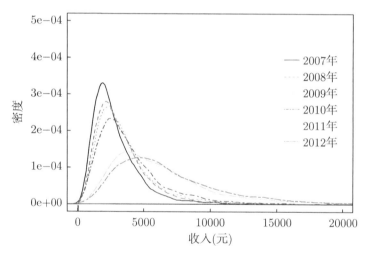

图 24   2007–2012 年山区家庭农民人均总收入核密度分布图 (后附彩图)

3.3.7   人口规模不同的行政村农民家庭人均总收入分布差异比较分析

受到自然环境因素制约, 广西行政村分布 "多、小、散、弱" 的局面短期内很难解决, 由此造成了村级干部人数多, 村级管理成本高, 各级建设项目、补助资金管理混乱, 公共设施重复建设, 村庄规划布局狭隘, 村内土地、劳动力、资金、产业等生产要素以及各种自然资源、基础设施得不到有效整合, 主导产业发展不明显, 以致农村各种资源使用效率低下，区域范围内的资源共享、优势互补得不到体现，最终造成了农民收入差异大。按行政村人口规模来划分 (对所有调查村进行五等分)，2007年、2010 年和 2012 年广西不同人口规模的行政村农民家庭人均总收入分布图如图 25–图 27 所示。

从图 25–图 27 可以发现：从行政村人口规模两头家庭的农民人均总收入分布看，行政村人口规模最小的农民家庭人均总收入分布的右偏程度明显大于最大人口规模的行政村家庭，分布的峰值高度也明显高于最大人口规模的行政村家庭，说明行政村人口规模越小，整体的人均总入水平越小，低收入人群的比重越大。1800–4500 人的各分组人均总收入分布没有明显差异，但随时间的推移，行政村人口规模越大的分组，峰值右侧尾部变厚的幅度越大，说明随时间的推移，行政村人口越大，收入中等偏上的家庭比重上升比较快。对农民家庭工资性收入而言，行政村人口规模效应更加明显，一个可能的原因的人口规模越大的村，就业信息越畅通、共享面越广，农民外出渠道越多，尤其是最近几年。不同行政村人口规模家庭人均工资性收入分布图如图 28–图 30 所示。

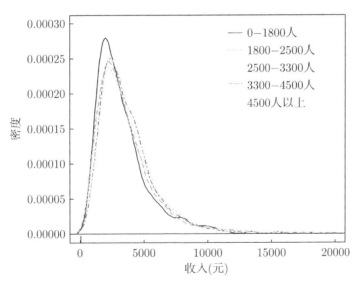

图 25　2007 年不同人口规模的行政村农民家庭人均

总收入分布图 (后附彩图)

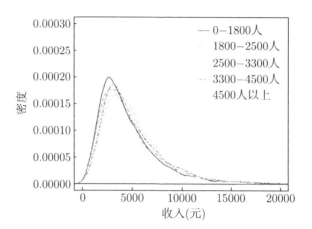

图 26 2010 年不同人口规模的行政村农民家庭人均总收入分布图 (后附彩图)

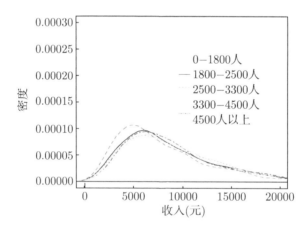

图 27 2012 年不同人口规模的行政村农民家庭人均总收入分布图 (后附彩图)

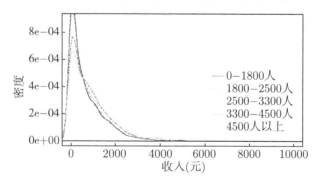

图 28 2007 年行政村不同人口规模的家庭农民人均工资性收入
核密度分布图 (后附彩图)

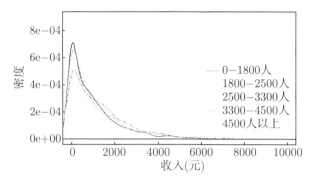

图 29 2010 年行政村不同人口规模的家庭农民人均工资性收入
核密度分布图 (后附彩图)

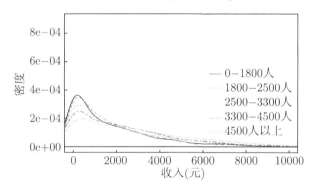

图 30 2012 年行政村不同人口规模的家庭农民人均工资性收入
核密度分布图 (后附彩图)

3.4 本 章 小 结

本章基于非参数适应性核密度估计先对 2007-2012 年广西农民家庭
人均总收入的分布进行估计，并分析这几年以来广西农民家庭人均总收
入差异变化情况后，再从农民家庭总收入的各项来源和农民家庭所在行
政村的环境情况等不同角度分析农民家庭人均总收入发生变化的原因。
从农民家庭总收入来源看，主要是分析工资性收入、家庭经营性收入、
财产性收入和转移性收入 2007-2012 年分布变化情况；从农民家庭所在
行政村的环境情况看，主要分析农民家庭离最近乡镇政府所在地远近程
度、离最近县城远近程度、所在行政村所属地势类型和所在行政村人口

规模等近几年来如何影响农民家庭总收入差异的变化，通过分析可以得出如下六点结论。

(1) 2007–2012 年，广西农民人均总收入水平总体上是随着时间的推移逐年增长的，其中 2011 年增幅明显加快，2012 年恢复平稳增长，主要原因是 2011 年后广西的大宗农产品甘蔗、生猪等价格暴涨，利润空间比较大，积极推动了农户对生产的积极性，有效地促进了农民增收。

(2) 随着时间的推移，农民人均总收入、工资性收入和家庭经营性收入分布逐年平坦，农民家庭间收入差异逐年扩大。

(3) 从农民家庭所在村委会离最近乡镇政府所在地远近程度看，农民家庭离乡镇政府所在地越远，家庭人均总收入水平越低，收入差异越小，特别是离乡镇政府所在地超过 20 公里以上的家庭表现出的这种现象更加明显。此外，20 公里以内离最近乡镇政府所在地远近程度不同 (按 0–2 公里、2–5 公里、5–10 公里和 10–20 公里分类) 的家庭的收入分布随着时间越往后它们的状态越趋同。

(4) 与离最近乡镇政府所在地远近程度相类似，农民家庭离县城越远，低收入人群越集中，家庭人均总收入水平越低。与离最近乡镇政府所在地不同，农民家庭受最近县城的辐射影响更大，对农民增收的辐射效应更加明显。

(5) 从地势特点看，居住在山区里的农村家庭的整体收入水平明显比平原地区和丘陵地区的低，收入差异也比平原地区和丘陵地区的小；平原地区和丘陵地区的农民家庭人均总收入分布差异不明显。总体上看，随着时间的推移，收入差距都在拉大。

(6) 从所在村人口规模上看，在人口规模小于 1800 人的行政村中，低收入家庭的比重比行政村人口规模在 1800–2500 人、2500–3300 人、3300–4500 人和 4500 人以上行政村的低收入家庭比重明显大，收入差距明显小；时间越往后，行政村人口规模越大，收入中等偏上的家庭比重上升就越快。与家庭人均总收入比，农民家庭工资性收入受所在行政村人口规模影响越明显。行政村人口规模越大，工资性收入中等偏下的家庭比重越小，家庭收入差距越大。

第4章　基于多层线性模型的农民收入分析

4.1　多层线性模型的表达形式

4.1.1　基本形式

多层线性模型的一般形式包括三个公式:

$$Y_{ij} = \beta_{0j} + \beta_{1j}X_{ij} + \varepsilon_{ij} \tag{4.1}$$

$$\beta_{0j} = \gamma_{00} + \mu_{0j} \tag{4.2}$$

$$\beta_{1j} = \gamma_{10} + \mu_{1j} \tag{4.3}$$

在以上的方程中,下标 j 代表的是处于第一层个体所隶属的第二层的单位; γ_{00} 和 γ_{10} 分别是 β_{0j} 和 β_{1j} 的平均值,而且它们的第二层的单位之间是固定的,它们是 β_{0j} 和 β_{1j} 的固定成分; μ_{0j} 和 μ_{1j} 分别是 β_{0j} 和 β_{1j} 的随机成分,它们代表第二层单位之间的差异。方差和协方差表述如下:

$$\mathrm{Var}\,(\mu_{0j}) = \tau_{00} \tag{4.4}$$

$$\mathrm{Var}\,(\mu_{1j}) = \tau_{11} \tag{4.5}$$

$$\mathrm{Cov}\,(\mu_{0j}, \mu_{1j}) = \tau_{01} \tag{4.6}$$

用 (4.3) 和 (4.4) 替换 (4.2) 及相应项,就会得到

$$Y_{ij} = \gamma_{00} + \gamma_{10}X_{ij} + \mu_{0j} + \mu_{1j}X_{ij} + \varepsilon_{ij} \tag{4.7}$$

在方程中, $(\mu_{0j} + \mu_{1j}X_{ij} + \varepsilon_{ij})$ 是残差项。多层线性模型不仅正确地从第一层的残差 (ε_{ij}) 中分解出 μ_{0j} 和 μ_{1j} ,而且满足了最小二乘法回归关于残差的假设。

4.1.2　零模型

零模型也称为截距模型。该模型其实最简单的随机效应模型, 也就是单因素随机效应方差分析。

第一层:

$$Y_{ij} = \beta_{0j} + \varepsilon_{ij} \tag{4.8}$$

$$\mathrm{Var}(\varepsilon_{ij}) = \sigma_{\varepsilon}^2 \tag{4.9}$$

第二层:

$$\beta_{0j} = \gamma_{00} + \mu_{0j} \tag{4.10}$$

$$\mathrm{Var}(\mu_{0j}) = \tau_{\mu}^2 \tag{4.11}$$

如果要确定 Y 中的总体差异有多大比例是由于第二层的差异造成的, 就要计算一个跨级相关:

$$\rho = \frac{\tau_{\mu}^2}{(\tau_{\mu}^2 + \sigma_{\varepsilon}^2)} \tag{4.12}$$

ρ 趋于 0 时, 说明没有群组效应, 即个体没有受水平 2 的影响, 因此非常有必要建立多层次模型前应先进行组间 "零" 方差检验。若检验结果显著为 "零", 则不必要进行多层次建模。

4.1.3　完整模型

一般的完整模型是只有一个第一层的预测变量和一个第二层预测变量的模型:

第一层:

$$Y_{ij} = \beta_{0j} + \beta_{1j} X_{1ij} + \varepsilon_{ij} \tag{4.13}$$

第二层:

$$\beta_{0j} = \gamma_{00} + \gamma_{01} W_{1j} + \mu_{0j} \tag{4.14}$$

$$\beta_{1j} = \gamma_{10} + \gamma_{11} W_{1j} + \mu_{1j} \tag{4.15}$$

在第一层的方程中, 下标 "0" 代表截距, 下标 "1" 代表与第一个第一层的预测变量 X_1 有关的回归系数。在第二层的方程中, 第一个下标

代表 β_{0j} 是与第二层的单位 j 相关的第一层的截距。通过对预测变量的定位，第一层的截距就能够解释为第 j 个第二层单位的平均数。上述方程中各个参数的含义如下：

γ_{00} 是第二层的方程 (4.14) 的截距；

γ_{01} 是第二层的方程 (4.14) 的回归斜率；

W_{1j} 是第二层的预测变量；

μ_{0j} 是第二层的方程的残差或随机项；

β_{1j} 是与第二层的单位 j 有关的第一层的斜率；

γ_{10} 是第二层的方程 (4.15) 的截距；

γ_{11} 是第二层的方程 (4.15) 的回归斜率；

μ_{1j} 是第二层的方程的残差或随机项。

最后，方程 (4.14) 和 (4.15) 的方差 μ_{0j} 和 μ_{1j} 如下：

$$\mathrm{Var}(\mu_{0j}) = \sigma^2_{\mu0} \tag{4.16}$$

$$\mathrm{Var}(\mu_{1j}) = \sigma^2_{\mu1} \tag{4.17}$$

$\sigma^2_{\mu0}$ 是第二层的自变量 W_{1j} 解释 β_{0j} 的残差方差；$\sigma^2_{\mu1}$ 是第二层的自变量 W_{1j} 解释 β_{1j} 的残差方差。

4.2 基于多层线性模型的农村居民收入分析研究

4.2.1 理论解释

一般地，农民家庭人均总收入变化除受其自身因素 (如家庭人均资本投入、人均耕地面积等) 影响外，家庭所在环境特点 (如行政村人口规模、地势特点、周边环境等) 影响也比较明显。从影响农民家庭人均总收入因素特点看，它们具有多层次结构的特点，比如农户除了其自家独有属性外，其所承受的外部环境和制度都是相同的，比如对于相同行政村的家庭来说，他们所受该村所属的自然条件、所拥有的民族习俗和村规民约等影响是相同的，因此本研究考虑从农户自身因素和其所在行政村因素这两个层次的因素分析它们对农民家庭人均总收入的影响，假设农民家庭人均总收入受到家庭自身因素影响为 X，外部因素影响为 W，则农村居民家庭人均总收入的多层次线性模型为：

第一层 (个体内模型)：

$$\text{ZS\_0}_{ij} = \beta_{0j} + \beta_{1j}X_{1ij} + \beta_{2j}X_{2ij} + \cdots + \beta_{Pj}X_{Pij} + \varepsilon_{ij} \tag{4.18}$$

$$\varepsilon_{ij} \sim N(0, \sigma_\varepsilon^2), \quad i = 1, \cdots, N, \quad j = 1, \cdots, M$$

第二层 (个体间模型)：

$$\beta_{pj} = \gamma_{p0} + \gamma_{p1}W_{1j} + \gamma_{p2}W_{2j} + \cdots + \gamma_{pq}W_{qj} + \mu_{pj}, \quad p = 0, 1, \cdots, P, \tag{4.19}$$

$$\mu_i = \begin{pmatrix} \mu_{0i} \\ \mu_{1i} \\ \vdots \\ \mu_{pi} \end{pmatrix} \sim N(0, \Sigma) \tag{4.20}$$

其中，i 表示第 i 农民家庭，j 表示第 j 个行政村，Σ 是向量 μ_i 的协方差。第一层模型中的 β_{0i} 代表第 i 个农户人均家庭总收入初始水平，即当所有因素 X 为 0 时的 ZS_0 值，β_{pj} 代表农户 i 人均家庭总收入受第 p 个因素 X 影响的系数，ε_{ij} 代表第 i 个农户人均家庭总收入在 j 行政村没被解释的部分；第二层模型中的 γ_{00} 代表所有农户的平均初始人均家庭总收入水平，γ_{10} 代表所有农户平均初始人均家庭总收入水平受第 1 个因素 X_1 影响的程度，$\mu_{0i}, \mu_{1i}, \cdots, \mu_{pi}$ 是农户间模型的残差，分别代表不同农户人均家庭总收入初始水平和斜率与所有农户的平均初始人均家庭总收入水平的差异，并且假定所有的 μ_i 与所有的 ε_{ij} 独立。合并 (4.18) 和 (4.19) 可以得到如下的模型：

$$\text{ZS\_0}_{ij} = \underbrace{\sum_{k=0}^{K} \alpha_k Q_{kij}}_{\text{固定项}} + \underbrace{\sum_{p=0}^{P} \mu_{pj}X_{pij} + \varepsilon_{ij}}_{\text{随机项}} \tag{4.21}$$

其中，前一部分为该模型的非随机部分，后一部分为其随机部分，解释变量 Q_{kij} 是由第一层自变量 X 和第二层自变量 W 重新组合得到，其有些来自第一层的自变量 X，有些来自第二层的自变量 W，有些来自自变量 X 和自变量 W 的交叉项。

4.2.2 涉及指标及数据来源

为跟踪农民家庭人均总收入的变化情况，从 2001 年起，广西各市 (县、区) 统计局开展农村住户调查工作。为了提高调查样本代表性，防止样本老化，广西各市县农村住户调查每 5 年进行一次样本轮换，最近一次样本轮换时间为 2011 年。考虑到广西各市县农村住户调查特点，以及建立多层次线性模型的数据要求，本研究采用 2007-2010 年广西各市县农村住户调查数据做为建模数据，数据覆盖了全区 111 个县市 (区)，农户数据为连续四年的跟踪调查数据。建立模型所涉及的变量和指标见表 22。

表 22   建立多层次线性模型涉及到的变量

层次	代码	解释变量名称	单位
	T1	调查户人均期初实际经营土地面积	亩
	T2	调查户人均期末实际经营的土地面积	亩
	T3	调查户人均粮食播种面积	亩
	T4	调查户人均经济作物播种面积	亩
第一层	ZS_0	调查户人均总收入	元
	ZS_1	调查户人均工资性收入	元
	ZS_2	调查户人均家庭经营收入	元
	ZS_3	调查户人均财产性收入	元
	ZS_4	调查户人均转移性收入	元
	DCHR	调查户家庭常住人口	人

续表

层次	代码	解释变量名称	单位
	CH	调查户所在村户数	人
	CR1	调查户所在村总人口	人
第二层	SH_5	调查户所在村距最近县城的距离	公里
	SH_6	调查户所在村距最近乡镇政府所在地距离	公里
	Dilei	调查户所在村地势类型	——

4.3　模型和参数估计

4.3.1　对数据层次结构检验——零模型

在使用两水平的多层线性模型之前, 要对数据结构进行检验, 保证这些数据可以使用多层线性模型。对 "零" 模型进行参数估计前, 我们可以先随机选取 4 户农户家庭人均总收入观测值做如图 31 的散点图。

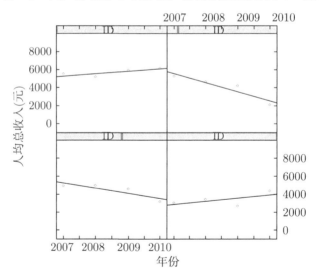

图 31　2007–2010 年家庭人均总收入的散点图 (随机抽选 4 户)

从图 31 可以看出, 农民家庭人均总收入与时间之间大致呈线性关系, 因此可以建立线性模型来描述农民家庭人均总收入随时间增长的变化情况, 但是, 图中不是所有的斜率都为正, 即不是所有农民家庭人均总收入都随时间增长而增加，并且上边两户拟合情况非常好，其余两个拟合情况一般。因此，可以初步判断个体间存在明显差异，为了更加明确这个观点，我们可以对"零"模型进行一般理论性检验。用下标 ij 表示第 i 个体在时间 $j(0,1,2,4)$ 上的测量指标，建立无解释变量的"零"模型：

$$ZS\_0_{ij} = \beta_{0i} + \varepsilon_{ij} \tag{4.22}$$

$$\beta_{0i} = \gamma_{00} + \mu_{0i} \tag{4.23}$$

将 (4.23) 代入 (4.22)，得到一个具有随机效应的方差分析模型：

$$ZS\_0_{ij} = \gamma_{00} + \mu_{0i} + \varepsilon_{ij} \tag{4.24}$$

在该模型中 $\sigma_{\mu0}^2$（即 $\text{Var}(\mu_{0j})$）反映了个体间的差异，而 σ_ε^2（即 $\text{Var}(\varepsilon_{ij})$）代表了组内测量数据之间的差异，由 R 软件计算得

$$\sigma_{\mu0}^2 = 29093617(p\text{-值} < 0.000), \quad \sigma_\varepsilon^2 = 7318016(p\text{-值} < 0.000),$$

于是，组内相关系数 (intra-class correlation，ICC)：

$$\text{ICC} = \frac{\sigma_{\mu0}^2}{\sigma_{\mu0}^2 + \sigma_\varepsilon^2} = \frac{39217624}{39217624 + 8249663} = 0.8262$$

表明有 82.6% 的总变异是由农村居民家庭个体之间的差异性所引起的。

4.3.2 对两水平多层线性模型估计

从"零"模型检验结果发现，广西农村居民家庭人均总收入存在明显个体之间的差异性，通过对图 31 的观察，我们发现农村居民家庭人均总收入水平随时间变化的曲线是近似于直线，但曲线的截距和斜率均有不同，因此，我们不能用简单的线性回归来对数据进行拟合，有必要对模型进行改进。

建立模型 A：

第一层模型：

$$ZS\_0_{ij} = \beta_{0i} + \beta_{1i}\text{nianfen}_{ij} + \varepsilon_{ij}, \quad \varepsilon_{ij} \sim N(0, \sigma_\varepsilon^2)$$

其中，$i(1, \cdots, n)$ 表示第 i 个家庭，$j(0, 1, 2, 3)$ 表示第 j 次观测，β_{0i} 代表第 i 个家庭在初始状态下 (2007 年) 的人均总收入水平，β_{1i} 代表当年数增加一年时第 i 个家庭的人均总收入变化状况，ε_{ij} 代表对于第 i 个家庭在第 j 个时期未解释的部分。

第二层模型：

$$\beta_{0i} = \gamma_{00} + \mu_{0i}, \quad \beta_{1i} = \gamma_{10} + \mu_{1i},$$

此处先不考虑其他因素对个体差异的影响。

运用 R 软件 nlme 包中函数 lme 的输出结果如下：

```
Linear mixed-effects model fit by maximum likelihood
 Data: nm2
      AIC       BIC     logLik
 842267.1 842319.2 -421127.6

Random effects:
 Formula: ~nianfen | ID
 Structure: General positive-definite, Log-Cholesky parametrization
            StdDev    Corr
(Intercept) 3479.578 (Intr)
nianfen     1157.163 0.241
Residual    2378.562

Fixed effects: ZS_0 ~ nianfen
               Value Std.Error    DF   t-value p-value
(Intercept) 3911.215  38.26354 32924 102.21780       0
nianfen      493.732  15.00387 32924  32.90698       0
 Correlation:
        (Intr)
nianfen -0.116

Standardized Within-Group Residuals:
        Min          Q1         Med          Q3         Max
-17.44589841 -0.26545268 -0.06600945  0.18215114 43.17172072

Number of Observations: 43900
Number of Groups: 10975
```

根据上述输出结果，模型 A 固定效应和随机效应的参数估计结果见表 23。

表 23 模型 A 的固定效应和检测结果

固定参数效应	估计值	标误差	t 值	p-值
γ_{00}	3911.22	38.26	102.21	< 0.000
γ_{10}	493.73	15.00	32.91	< 0.000
随机参数效应	估计值	AIC		BIC
$\sigma_{\mu 0}$	3479.578			
$\sigma_{\mu 1}$	1157.163	842267.1		842319.2
σ_{ε}	2378.562			
$\mathrm{Cov}(\mu_0, \mu_1)$	0.241			

估计结果显示: 固定效应的参数 γ_{00} 和 γ_{10} 是显著的, 说明农村居民家庭人均总收入水平在 2007–2010 年间有显著性的增长, 而且每年平均增加 493.73 元; $\gamma_{00} = 3911.22$, 表明农村居民家庭的人均总收入的初始水平 (即 2007 年的农村居民家庭人均收入) 为 3911.22 元; 随机截距的标准差 $\sigma_{\mu 0} = 3479.578$, 说明多层线性模型的截距在农村居民间有差异特征, 也就是说农村居民的人均初始总收入在个体之间是不同的; 随机斜率的方差 $\sigma_{\mu 1} = 1157.163$, 说明多层线性模型的斜率在农村居民间也具有差异特征, $\mathrm{Cov}(\mu_0, \mu_1) > 0$ 表明农村居民家庭人均总收入的初始水平与收入的增长速度呈正相关性, 也就是说农户家庭的人均收入初始水平越高, 人均收入增长的速度随时间变化而越快。

建立模型 B: 模型 A 从纵向考虑时间效应对农民总收入的影响, 下面再从截面上考虑农民家庭利用土地情况和家庭经营生产投入情况对农民家庭人均总收入的影响, 建立的模型如下:

第一层模型:

$$ZS\_0_{ij} = \beta_{0i} + \beta_{1i}T2_{ij} + \beta_{2i}T3_{ij} + \beta_{3i}T4_{ij} + \beta_{4i}ZZ\_2_{ij} + \varepsilon_{ij}, \quad \varepsilon_{ij} \sim N\left(0, \sigma_\varepsilon^2\right)$$

其中, T2、T3、T4 和 ZZ_2 分别代表农民家庭期末实际经营土地面积、粮食播种面积、经济作物播种面积和家庭人均经营费用支出, $i(1, \cdots, n)$ 表示第 i 个家庭, $j(0, 1, 2, 3)$ 表示第 j 次观测, β_{0i} 代表第 i 个家庭在初始状态下 (2007 年) 平均人均总收入水平, β_{1i}、β_{2i}、β_{3i} 分别代表家庭全年

土地利用总量 (T2)、粮食播种面积 (T3) 和经济作物播种面积 (T4) 对家庭人均总收入的影响程度，β_{4i} 代表家庭人均总生产经营费用支出 (ZZ_2) 对家庭人均总收入的影响程度。ε_{ij} 代表对于第 i 个家庭在第 j 个时期未解释的部分。

第二层模型：

$$\beta_{0i} = \gamma_{00} + \mu_{0i}, \quad \beta_{2i} = \gamma_{20} + \mu_{2i}, \quad \beta_{4i} = \gamma_{40} + \mu_{4i},$$

由于受样本数量限制，以及允许粮食播种面积 (T3) 和人均家庭生产经营费用总支出 (ZZ_2) 的系数为变系数时建模效果最好 (允许两因素为变系数的情况下，AIC 最小)，因此，这里只考虑粮食播种面积和人均家庭生产经营费用总支出的系数是变系数。

运用 R 软件 nlme 包中函数 lme 的输出结果如下：

```
Linear mixed-effects model fit by maximum likelihood
 Data: nm2
       AIC       BIC      logLik
 795019.6 795123.9 -397497.8

Random effects:
 Formula: ~T3 + ZZ_2 | ID
 Structure: General positive-definite, Log-Cholesky parametrization
            StdDev        Corr
(Intercept) 2222.6776087 (Intr) T3
T3           883.3189568 -0.775
ZZ_2           0.5232886 -0.309  0.036
Residual    1605.4147296

Fixed effects: ZS_0 ~ T2 + T3 + T4 + ZZ_2
                Value Std.Error    DF   t-value p-value
(Intercept) 2445.9322 29.507057 32921  82.89312  0.0000
T2             1.0259  0.309397 32921   3.31567  0.0009
T3           186.4752 17.745706 32921  10.50819  0.0000
T4             0.6903  0.402704 32921   1.71419  0.0865
ZZ_2           1.2325  0.012117 32921 101.71260  0.0000

 Correlation:
     (Intr) T2      T3      T4
```

```
T2    -0.023
T3    -0.685 -0.006
T4    -0.005  0.000 -0.004
ZZ_2  -0.336 -0.005 -0.148 -0.018

Standardized Within-Group Residuals:
         Min          Q1         Med         Q3         Max
-17.84695937  -0.39842908  -0.09999856  0.27828377  22.01152177

Number of Observations: 43900
Number of Groups: 10975
```

根据上述输出结果, 模型 B 固定效应和随机效应的参数估计结果见表 24。

表 24 模型 B 的固定效应和检测结果

固定参数效应	估计值	标准误差	t 值	p -值
γ_{00}	2445.93	29.51	82.89	< 0.000
β_1	1.03	0.31	3.32	< 0.001
γ_{20}	186.48	17.75	10.51	< 0.000
β_3	0.69	0.40	1.71	< 0.087
γ_{40}	1.23	0.01	101.71	< 0.000
随机参数效应	估计值	AIC		BIC
$\sigma_{\mu 0}$	2222.68			
$\sigma_{\mu 2}$	883.32	795019.6		795123.9
$\sigma_{\mu 4}$	0.52			
σ_ε	1605.41			

估计结果显示: 固定效应的参数除了 β_3 不是很显著之外, 其他参数都显著, 说明农村居民家庭人均总收入水平受家庭土地利用总量 (T2)、粮食播种面积 (T3) 和家庭生产总费用支出的影响是显著的, 其中最大参数是 $\gamma_{20} = 186.48$, 表明农民家庭人均总收入受种粮面积影响最大, 而且农民家庭人均种粮面积每增加 1 亩地, 家庭人均总收入就增加 186.48 元; $\gamma_{40} = 1.23$, 表明农村居民家庭人均生产费用总支出每增加 1 元, 家

庭人均总收入就增加 1.23 元；$\gamma_{00} = 2445.93$，表明农村居民家庭人均总收入的初始平均水平为 2445.93 元；随机截距的标准差 $\sigma_{\mu 0} = 2222.68$，说明多层线性模型的截距在农村居民间有差异特征，也就是说农村居民的人均初始总收入在个体之间是不同的；粮食播种面积和家庭生产总费用支出随机系数的方差分别为 $\sigma_{\mu 2} = 883.32$、$\sigma_{\mu 4} = 0.52$，说明粮食播种面积 (T3) 家庭生产总投入 (ZZ_2) 在农村居民间具有差异特征。

建立模型 C：模型 A 和模型 B 单独考虑时间效应和截面效应对农民人均家庭总收入的影响分别建立了模型，纳入模型的因素不全，建立模型的效果不是很理想，下面综合模型 A 和模型 B，除同时考虑时间效应和截面效应外，还引入截面效应的另外一个自变量 —— 家庭常住户人口数量建立模型如下：

第一层模型：

$$ZS\_0_{ij} = \beta_{0i} + \beta_{1i}\text{nianfen}_{ij} + \beta_{2i}T2_{ij} + \beta_{3i}T3_{ij} + \beta_{4i}T4_{ij}$$
$$+ \beta_{5i}ZZ\_2_{ij} + \beta_{6i}\text{DCHR}_{ij} + \varepsilon_{ij}, \quad \varepsilon_{ij} \sim N(0, \sigma_\varepsilon^2)$$

其中，nianfen、T2、T3、T4、ZZ_2 和 DCHR 分别代表年份、农民家庭期末实际经营的土地面积、粮食播种面积、经济作物播种面积、家庭经营费用支出和家庭常住人口，$i(1, \cdots, n)$ 表示第 i 个家庭，$j(0, 1, 2, 3)$ 表示第 j 次观测，β_{0i} 代表第 i 个家庭在初始状态下 (2007 年) 的平均人均总收入水平，β_{1i} 代表时间对农民家庭人均总收入效应程度，β_{2i}、β_{3i}、β_{4i} 分别代表家庭期末实际经营的土地面积 (T2)、粮食播种面积 (T3) 和经济作物播种面积 (T4) 对家庭人均总收入的影响程度，β_{5i} 和 β_{6i} 分别代表家庭人均总生产经营费用支出 (ZZ_2) 和家庭常住人口对家庭人均总收入的影响程度，ε_{ij} 代表对于第 i 个家庭在第 j 个时期未解释的部分。

第二层模型：

$$\beta_{0i} = \gamma_{00} + \mu_{0i}, \quad \beta_{3i} = \gamma_{30} + \mu_{3i}, \quad \beta_{5i} = \gamma_{50} + \mu_{5i},$$

与模型 C 类似，由于受样本数量限制以及允许粮食播种面积 (T3) 和人均家庭生产经营费用总支出 (ZZ_2) 的系数为变系数时建模效果最好 (允许两因素为变系数的情况下，AIC 最小)。因此，这里只考虑粮食播种面积和人均家庭生产经营费用总支出的系数是变系数。

运用 R 软件 nlme 包中函数 lme 的输出结果如下：

```
Linear mixed-effects model fit by maximum likelihood
 Data: nm2
       AIC       BIC      logLik
  791343.1 791464.7 -395657.5

Random effects:
 Formula: ~T3 + ZZ_2 | ID
 Structure: General positive-definite, Log-Cholesky parametrization
            StdDev        Corr
(Intercept) 2149.6601573 (Intr) T3
T3           823.1099406 -0.769
ZZ_2           0.5057467 -0.287  0.024
Residual    1530.3969374

Fixed effects: ZS_0 ~ nianfen + T2 + T3 + T4 + ZZ_2 + DCHR
               Value Std.Error    DF   t-value p-value
(Intercept) 3946.809  60.42647 32919  65.31590  0.0000
nianfen      337.593   6.89176 32919  48.98498  0.0000
T2             0.709   0.29561 32919   2.39697  0.0165
T3            90.244  17.18171 32919   5.25235  0.0000
T4             0.497   0.38442 32919   1.29198  0.1964
ZZ_2           1.137   0.01182 32919  96.18403  0.0000
DCHR        -387.160  10.31579 32919 -37.53077  0.0000
 Correlation:
        (Intr) nianfn T2     T3     T4     ZZ_2
nianfen -0.167
T2      -0.017 -0.014
T3      -0.481  0.024 -0.004
T4      -0.003 -0.008  0.000 -0.003
ZZ_2    -0.230 -0.077 -0.003 -0.131 -0.017
DCHR    -0.868  0.011  0.009  0.188  0.003  0.101

Standardized Within-Group Residuals:
        Min          Q1          Med          Q3          Max
-18.44794233  -0.39313402  -0.07421638  0.29053334  22.43777393

Number of Observations: 43900
Number of Groups: 10975
```

根据上述输出结果，模型 C 固定效应和随机效应的参数估计结果见表 25。

表 25　模型 C 的固定效应和检测结果

固定参数效应	估计值	标准误差	t 值	p-值
γ_{00}	3946.81	60.43	65.32	< 0.000
β_1	337.59	6.89	48.98	< 0.000
β_2	0.71	0.30	2.40	< 0.017
γ_{30}	90.24	17.18	5.25	< 0.000
β_4	0.50	0.38	1.29	< 0.196
γ_{50}	1.14	0.01	96.18	< 0.000
β_6	-387.16	10.32	-37.53	< 0.000
随机参数效应	估计值	AIC		BIC
$\sigma_{\mu 0}$	2149.66			
$\sigma_{\mu 3}$	823.11	791343.1		791464.7
$\sigma_{\mu 5}$	0.51			
σ_{ε}	1530.40			

估计结果显示：模型 C 的 AIC 和 BIC 都比模型 A 和模型 B 的明显小，说明建立模型 C 的效果明显比建立模型 A 和模型 B 的效果好。固定效应的参数除了 β_4 不是很显著之外，其他参数都是显著，说明农村居民家庭人均总收入水平受时间 (nianfen)、家庭土地利用总量 (T2)、粮食播种面积 (T3) 和家庭生产总费用支出的影响是显著的，时间 (nianfen)、家庭期末实际经营的土地面积 (T2)、粮食播种面积 (T3)、经济作物播种面积 (T4)、家庭经营生产总支出 (ZZ_2) 和家庭常住人口 (DCHR) 的效应程度分别是 337.59、0.71、90.24、0.50、1.14 和 -387.16，也就是说，在其他条件不变的情况下，农民家庭人均总收入每年平均增加 337.59 元，农民家庭人均种粮面积每增加 1 亩地，家庭人均总收入平均就增加 90.24 元，家庭期末实际经营的土地面积和经济作物播种面积对农民家庭人均总收入的影响程度比较小，说明 2007–2010 年这几年时间里，依靠提高种植

业种植面积来提高农民人均总收入难度非常大，主要原因是这几年农产品销售不畅，价格水平低迷很大种程度上影响了农民扩大农业生产的积极性。对家庭人口来说，人口依然是农民增收的一个比较大的影响因素，如表 25 所示，在其他条件不变的情况下，若家庭人口增加 1 个人，农民人均总收入就减少 387.16 元，影响程度非常明显。

建立模型 D：从上述建立模型过程看，主要考虑的是加入第一层次模型的个体自身因素，下面我们再考虑加入第二层次模型影响个体的外部自变量。

模型 D.1：从图 32–图 33 可以看出，距离乡镇政府所在地远近程度对农民家庭人均总收入是有影响的，从图 33 可以看，离乡镇政府 2 公里内的家庭其人均总收入的截距项要大于 20 公里之外的家庭，说明离乡镇政府所在地远近程度 (SH_6) 对截距项有影响，所以可以考虑在建立第二层模型时将 SH_6 加入。

与建立模型 C 一样，第二层加入离乡镇政府所在地远近程度 (SH_6) 变量建立模型 D.1。

第一层模型：

$$ZS\_0_{ij} = \beta_{0i} + \beta_{1i}\mathrm{nianfen}_{ij} + \beta_{2i}T2_{ij} + \beta_{3i}T3_{ij} + \beta_{4i}T4_{ij}$$
$$+ \beta_{5i}ZZ\_2_{ij} + \beta_{6i}\mathrm{DCHR}_{ij} + \varepsilon_{ij}, \quad \varepsilon_{ij} \sim N(0, \sigma_\varepsilon^2)$$

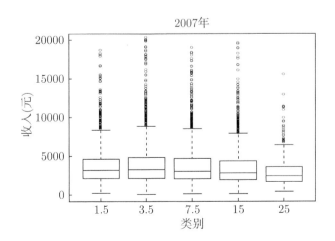

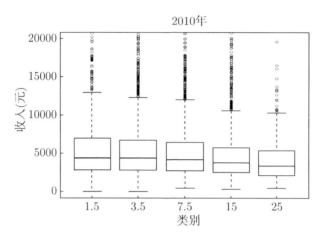

图 32 2007 年和 2010 年距离乡镇政府所在地不同距离农民人均总收入箱式图
①

加入自变量 SH_6 后, 第二层模型:

$$\beta_{0i} = \gamma_{00} + \gamma_{01}\mathrm{SH\_6}_{ij} + \mu_{0i}$$

$$\beta_{3i} = \gamma_{30} + \gamma_{31}\mathrm{SH\_6}_{ij} + \mu_{3i}$$

$$\beta_{5i} = \gamma_{50} + \gamma_{51}\mathrm{SH\_6}_{ij} + \mu_{5i},$$

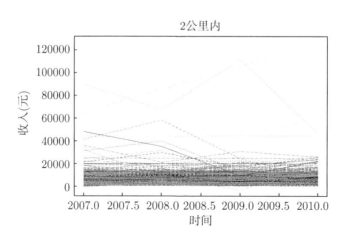

①说明: 图 32 中的 1.5 表示 0–2 公里内, 3.5 表示 2–5 公里, 7.5 表示 5–10 公里, 15 表示 10–20 公里, 25 表示 20 公里以上。

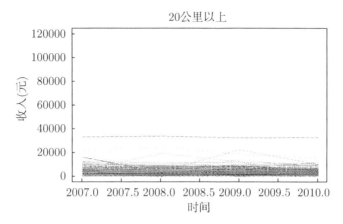

图 33 离乡镇政府所在地 2 公里内和 20 公里外农民人均
总收入散点图 (后附彩图)

合并后得

$$ZS\_0_{ij} = \beta_{0i} + \beta_{1i}\text{nianfen}_{ij} + \beta_{2i}T2_{ij} + \beta_{3i}T3_{ij} + \beta_{4i}T4_{ij}$$
$$+ \beta_{5i}ZZ\_2_{ij} + \beta_{6i}\text{DCHR}_{ij} + \varepsilon_{ij}$$
$$= \gamma_{00} + \gamma_{01}\text{SH}\_6_{ij} + \beta_{1i}\text{nianfen}_{ij} + \beta_{2i}T2_{ij} + \gamma_{30}T3_{ij} + \beta_{4i}T4_{ij}$$
$$+ \gamma_{50}ZZ\_2_{ij} + \beta_{6i}\text{DCHR}_{ij} + \gamma_{31}\text{SH}\_6_{ij}T3_{ij} + \gamma_{51}\text{SH}\_6_{ij}ZZ\_2_{ij}$$
$$+ (\mu_{0i} + \mu_{3i}T3_{ij} + \mu_{5i}ZZ\_2_{ij} + \varepsilon_{ij})$$

其中，模型 D.1 指标含义与模型 C 指标含义相同，运用 R 软件 nlme 包中函数 lme 的输出结果如下：

```
Linear mixed-effects model fit by maximum likelihood
 Data: nm2
      AIC       BIC      logLik
 791187.9 791335.6 -395576.9

Random effects:
 Formula: ~T3 + ZZ_2 | ID
 Structure: General positive-definite, Log-Cholesky parametrization
            StdDev      Corr
(Intercept) 2133.3067985 (Intr) T3
T3           823.9725297 -0.774
ZZ_2           0.5054036 -0.286  0.027
Residual    1531.0336770

Fixed effects: ZS_0 ~ SH_6 + nianfen + T2 + T3 + T4 + ZZ_2 + DCHR1
                + SH_6 * T3 + SH_6 * ZZ_2
```

```
                 Value  Std.Error    DF   t-value  p-value
(Intercept)  2496.0602   47.00703  32917  53.09972  0.0000
SH_6          -40.0597    4.57170  10973  -8.76253  0.0000
nianfen       337.9258    6.89404  32917  49.01712  0.0000
T2              0.7213    0.29552  32917   2.44080  0.0147
T3             79.7855   27.47375  32917   2.90406  0.0037
T4              0.4798    0.38447  32917   1.24804  0.2120
ZZ_2            1.0972    0.01927  32917  56.94343  0.0000
DCHR1        -383.7921   10.26084  32917 -37.40359  0.0000
SH_6:T3         1.4550    2.74025  32917   2.53097  0.0154
SH_6:ZZ_2       0.0051    0.00202  32917   2.53979  0.0111
 Correlation:
          (Intr)  SH_6   nianfn T2     T3     T4     ZZ_2   DCHR1  SH_6:T
SH_6      -0.764
nianfen   -0.205  0.002
T2        -0.012  0.001 -0.014
T3        -0.667  0.528  0.020  0.000
T4        -0.006  0.006 -0.008  0.000 -0.002
ZZ_2      -0.312  0.266 -0.045  0.000 -0.152 -0.002
DCHR1     -0.091 -0.027  0.011  0.009  0.107  0.003  0.049
SH_6:T3    0.517 -0.681 -0.006 -0.003 -0.781  0.000  0.129  0.014
SH_6:ZZ_2  0.246 -0.336 -0.002 -0.002  0.123 -0.011 -0.790  0.016 -0.156

Standardized Within-Group Residuals:
        Min          Q1         Med          Q3          Max
-18.51086407  -0.39275169  -0.07413131   0.29161713  22.54668476

Number of Observations: 43900
Number of Groups: 10975
```

根据上述输出结果，模型 D.1 固定效应和随机效应的参数估计结果见表 26。

表 26   模型 D.1 的固定效应和检测结果

固定参数效应	估计值	标准误差	t 值	p-值
γ_{00}	2496.06	47.01	53.10	< 0.000
γ_{01}	-40.06	4.57	-8.76	< 0.000
β_1	337.93	6.89	49.02	< 0.000
β_2	0.72	0.30	2.44	< 0.015
γ_{30}	79.79	27.47	2.90	< 0.004
β_4	0.48	0.38	1.28	< 0.212
γ_{50}	1.10	0.02	56.94	< 0.000
β_6	-383.79	10.26	-37.40	< 0.000

续表

固定参数效应	估计值	标准误差	t 值	p-值
γ_{31}	1.46	2.74	2.53	< 0.015
γ_{51}	0.01	0.00	2.54	< 0.011
随机参数效应	估计值	AIC		BIC
$\sigma_{\mu 0}$	2133.31			
$\sigma_{\mu 3}$	823.97	791187.9		791335.6
$\sigma_{\mu 5}$	0.51			
σ_{ε}	1531.03			

估计结果显示：模型 D.1 的 AIC 和 BIC 都比模型 C 的小，说明建立模型 D.1 的效果比建立模型 C 的效果好。时间 (nianfen)、家庭期末实际经营的土地面积 (T2)、粮食播种面积 (T3)、经济作物播种面积 (T4)、家庭经营生产总支出 (ZZ_2) 和家庭常住人口 (DCHR) 对农民家庭人均总收入的影响与模型 C 结果相差不大。从与乡镇政府所在地距离影响程度看，对初始家庭人均总收入而言，第二层模型的截距项 $\gamma_{01} = -40.06$，说明离乡镇政府所在地越远，家庭初始人均总收入水平越低且比较明显；对种粮面积而言，种粮面积 (T3) 与离乡镇所在地距离 (SH_6) 交叉项系数 $\gamma_{31} = 1.46$，说明粮食播种面积对农民农民人均总收入的影响与离乡镇政府所在地距离关系是比较大的，即离乡镇政府所在地越远，粮食播种面积对农民家庭人均总收入的影响就越大；而对于家庭生产性投入而言，家庭人均生产费用支出 (ZZ_2) 与离乡镇所在地距离 (SH_6) 交叉项系数 $\gamma_{51} = 0.01$，系数几乎为，说明农户生产经营投入效果 (对农民人均家庭总收入的影响) 与离乡镇政府所在地距离关系不大。

与离乡镇政府所在地距离类似，离县城距离不同也是对农民人均总收入有影响的，并且影响的幅度更大，对上述模型，我们把离乡镇政府所在地距离 (SH_6) 替换为离县城距离 (SH_5)，其他变量都不变，运用 R 软件 nlme 包中函数 lme 的输出结果如下：

```
Linear mixed-effects model fit by maximum likelihood
 Data: nm2
       AIC      BIC     logLik
  791090.9 791238.6 -395528.5

Random effects:
 Formula: ~T3 + ZZ_2 | ID
 Structure: General positive-definite, Log-Cholesky parametrization
            StdDev        Corr

(Intercept) 2100.1358182 (Intr) T3
T3           809.7032459 -0.762
ZZ_2           0.5032833 -0.279  0.013
Residual    1531.9572435

Fixed effects: ZS_0 ~ SH_5 + nianfen + T2 + T3 + T4 + ZZ_2 + DCHR1
                   + SH_5 * T3 + SH_5 * ZZ_2
                 Value Std.Error    DF   t-value p-value

(Intercept) 3194.582  72.72384 32917  43.92757  0.0000
SH_5         -53.514   3.46776 10973 -15.43196  0.0000
nianfen      336.738   6.89496 32917  48.83819  0.0000
T2             0.752   0.29554 32917   2.54563  0.0109
T3           188.904  47.29013 32917   3.99458  0.0001
T4             0.472   0.38450 32917   1.22733  0.2197
ZZ_2           1.011   0.02995 32917  33.74827  0.0000
DCHR1       -372.234  10.26993 32917 -36.24506  0.0000
SH_5:T3       15.102   2.21341 32917   6.82274  0.0000
SH_5:ZZ_2      0.007   0.00146 32917   4.58537  0.0000
 Correlation:
          (Intr) SH_5   nianfn T2     T3     T4     ZZ_2   DCHR1  SH_5:T
SH_5      -0.911
nianfen   -0.143  0.012
T2        -0.001 -0.007 -0.014
T3        -0.632  0.577  0.022 -0.003
T4        -0.003  0.002 -0.008  0.000 -0.009
ZZ_2      -0.318  0.298 -0.021  0.000 -0.146  0.000
DCHR1     -0.001 -0.077  0.010  0.010  0.048  0.002  0.014
SH_5:T3    0.594 -0.643 -0.014  0.002 -0.932  0.008  0.142  0.024
SH_5:ZZ_2  0.294 -0.325 -0.009 -0.002  0.136 -0.007 -0.919  0.027 -0.152

Standardized Within-Group Residuals:
        Min          Q1         Med          Q3         Max
-18.59033492  -0.39494669  -0.07419865   0.29144644  22.54117232

Number of Observations: 43900
Number of Groups: 10975
```

　　根据上述输出结果, 模型 D.1 固定效应和随机效应的参数估计结果见表 27。

表 27   模型 D.1 的固定效应和检测结果

固定参数效应	估计值	标准误差	t 值	p-值
γ_{00}	3194.58	72.72	43.93	< 0.000
γ_{01}	-53.51	3.47	-15.43	< 0.000
β_1	336.74	6.89	48.84	< 0.000
β_2	0.75	0.30	2.55	< 0.011
γ_{30}	188.90	47.29	3.99	< 0.000
β_4	0.47	0.38	1.28	< 0.219
γ_{50}	1.01	0.03	33.75	< 0.000
β_6	-372.23	10.27	-36.25	< 0.000
γ_{31}	15.10	2.21	2.53	< 0.015
γ_{51}	0.01	0.00	6.82	< 0.000
随机参数效应	估计值	AIC	BIC	
$\sigma_{\mu 0}$	2100.13			
$\sigma_{\mu 3}$	809.70	791090.9	791238.6	
$\sigma_{\mu 5}$	0.50			
σ_{ε}	1531.96			

从表 27 参数可以发现，与表 27 比较，模型 D.1 除了截距项 ($\gamma_{00} + \gamma_{01}\mathrm{SH\_6}_{ij}$) 和粮食播种面积系数 ($\gamma_{30} + \gamma_{31}\mathrm{SH\_6}_{ij}$) 中的 γ_{00}、γ_{01}、γ_{30} 和 γ_{31} 发生明显变化外，其他参数估计结果都没有发生太大变化，而 γ_{01} 是负数且变得更小，γ_{31} 是正数且变得更大，说明离县城越远，农民家庭人均初始总收入变小的幅度比离乡镇政府所在地的变小幅度更大，就种粮面积而言，离县城越远，农民家庭人均总收入受益幅度越大，且大于与离乡镇政府相同距离的情况，即农民在城县周边种粮受益程度比在乡镇政府所在地周边种粮的受益程度更低。2007–2010 年离县城不同距离农民家庭人均总收入拟合图如图 34 所示。

模型 D.2：按行政村人口规模来划分 (对所有调查村进行五等分)，2007 年和 2010 年不同类别农民家庭人均总收入的箱式图如图 35 所示。

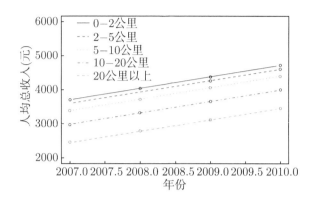

图 34　2007–2010 年离县城不同距离的农民家庭人均总收入拟合图 (后附彩图)

　　从图 35 可以看出，1/2 分位点、3/4 分位点随着类别越大 (行政村规模越大) 呈现往上移动的趋势，而大于 3/4 分位点的点密度也不一样 (第 2 类最密)，说明农民家庭所在行政村规模大小对农民家庭人均总收入是有影响的，所以可以考虑

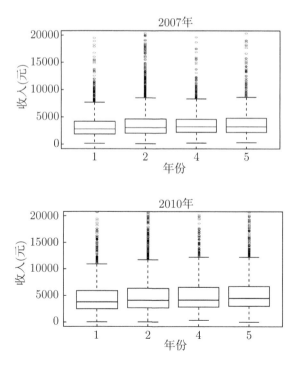

图 35　2007 年和 2010 年不同行政村人口规模的农民家庭人均总收入箱式图

在建立第二层模型时将表示政村人口规模的变量 CR1 加入。与模型 D.1 类似，在此只考虑把模型 D.1 中的第二层模型中的 SH_6 替换为 CR1。运用 R 软件 nlme 包中函数 lme 的输出结果如下：

```
Linear mixed-effects model fit by maximum likelihood
 Data: nm2
       AIC       BIC    logLik
  791234.4 791382.1 -395600.2

Random effects:
 Formula: ~T3 + ZZ_2 | ID
 Structure: General positive-definite, Log-Cholesky parametrization
            StdDev       Corr
(Intercept) 2145.2611945 (Intr) T3
T3           839.8280109 -0.775
ZZ_2           0.5050492 -0.285  0.021
Residual    1530.4162934

Fixed effects: ZS_0 ~ CR1 + nianfen + T2 + T3 + T4 + ZZ_2
                + DCHR1 + CR1 * T3 + CR1 * ZZ_2
               Value Std.Error    DF   t-value p-value
(Intercept) 1932.1505  57.25544 32916  33.74615 0.0000
CR1           94.3057  17.96785 32916   5.24858 0.0000
nianfen      335.1849   6.89867 32916  48.58689 0.0000
T2             0.7283   0.29545 32916   2.46519 0.0137
T3            13.6712  35.49023 32916   0.38521 0.7001
T4             0.4705   0.38435 32916   1.22404 0.2209
ZZ_2           1.1589   0.01776 32916  65.26346 0.0000
DCHR1       -396.6597  10.31301 32916 -38.46206 0.0000
CR1:T3        23.2792  11.17447 32916   2.08325 0.0372
CR1:ZZ_2      -0.0084   0.00478 32916  -1.75819 0.0787
 Correlation:
         (Intr) CR1    nianfn T2     T3     T4     ZZ_2   DCHR1  CR1:T3
CR1      -0.847
nianfen  -0.160 -0.009
T2       -0.010  0.001 -0.015
T3       -0.716  0.629  0.023 -0.005
T4       -0.001  0.000 -0.008  0.000  0.003
ZZ_2     -0.268  0.186 -0.050 -0.002 -0.082 -0.013
DCHR1    -0.046 -0.056  0.014  0.009  0.098  0.003  0.062
CR1:T3    0.637 -0.738 -0.012  0.003 -0.873 -0.005  0.048 -0.005
CR1:ZZ_2  0.217 -0.248 -0.001  0.000  0.065  0.002 -0.747  0.008 -0.077

Standardized Within-Group Residuals:
        Min          Q1          Med          Q3          Max
-18.45041212  -0.39471807  -0.07526473   0.28971326  22.58297690

Number of Observations: 43900
Number of Groups: 10975
```

　　根据上述输出结果，模型 D.2 固定效应和随机效应的参数估计结果见表 28。

表 28　模型 D.2 的固定效应和检测结果

固定参数效应	估计值	标准误差	t 值	p-值
γ_{00}	1932.15	57.26	33.75	< 0.000
γ_{01}	94.31	17.97	5.25	< 0.000
β_1	335.18	6.90	48.59	< 0.000
β_2	0.73	0.30	2.47	< 0.014
γ_{30}	13.67	35.49	0.39	< 0.700
β_4	0.47	0.38	1.22	< 0.221
γ_{50}	1.16	0.02	65.26	< 0.000
β_6	-396.65	10.31	-38.46	< 0.000
γ_{31}	23.28	11.17	2.08	< 0.037
γ_{51}	-0.01	0.00	-1.76	< 0.078
随机参数效应	估计值	AIC	BIC	
$\sigma_{\mu 0}$	2145.26			
$\sigma_{\mu 3}$	839.83	791234.4	791382.1	
$\sigma_{\mu 5}$	0.50			
σ_{ε}	1530.42			

　　从表 28 参数可以发现，$\gamma_{01} = 94.3$，说明人口规模越大的行政村，其初始农民人均总收入越大，一个可能原因是村人口越大，就业信息越畅通，外出人口越大，整体上提高了农民家庭人均总收入水平；$\gamma_{31} = 23.8$，说明行政村人口规模越大，种粮对农民收入的影响更大，这也说明在 2007–2010 年种粮对广西农民家庭收入的影响是比较大的，可能的原因是这个时期，虽然外出务工人数不断增加，但外出人口输出还是不足，多数家庭还是以种粮为主，而行政村人口规模大，通过种粮增收的欲望更强，因此种粮面积对农民增收非常重要。2007–2010 年不同人口规模的行政村农民家庭人均总收入拟合图如图 36 所示。

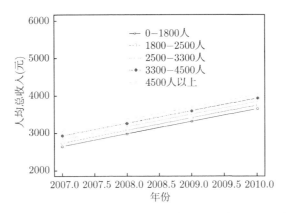

图 36 2007–2010 年不同人口规模的行政村农民家庭人均
总收入拟合图 (后附彩图)

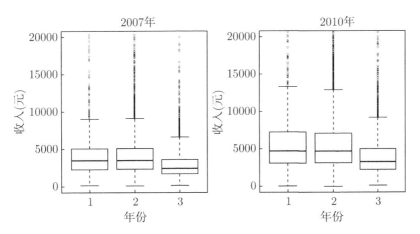

图 37 2007 年和 2010 年距离乡镇政府所在地不同距离农民人均总收入箱式图

模型 D.3: 从图 37 可以看出, 地处山区 (1 表示平原, 2 表示丘陵, 3 表示山区) 人均总收入水平明显偏低, 说明地理环境尤其是山区对农民家庭人均总收入是有影响, 所以可以考虑在建立第二层模型时将地势类型 (dilei) 加入到模型中。

与模型 D.1 类似, 在此只考虑把模型 D.1 中的第二层模型中的 SH_6 替换为 dilei。运用 R 软件 nlme 包中函数 lme 的输出结果如下:

```
Linear mixed-effects model fit by maximum likelihood
 Data: nm2
       AIC       BIC     logLik
  790883.8 791031.5 -395424.9

Random effects:
 Formula: ~T3 + ZZ_2 | ID
 Structure: General positive-definite, Log-Cholesky parametrization
            StdDev         Corr
(Intercept) 2092.3786788 (Intr) T3
T3           830.3028211 -0.780
ZZ_2           0.5020862 -0.273   0.024
Residual    1532.7699840

Fixed effects: ZS_0 ~ dilei + nianfen + T2 + T3 + T4 + ZZ_2
                      + DCHR1 + dilei * T3 + dilei * ZZ_2
                 Value Std.Error    DF   t-value p-value
(Intercept) 3839.137 105.89685 32917  36.25355  0.0000
dilei       -719.816  44.97730 10973 -16.00397  0.0000
nianfen      338.604   6.90112 32917  49.06507  0.0000
T2             0.785   0.29534 32917   2.65854  0.0079
T3           -43.485  61.67084 32917  -0.70512  0.4807
T4             0.425   0.38452 32917   1.10627  0.2686
ZZ_2           0.915   0.04377 32917  20.90352  0.0000
DCHR1       -388.045  10.15416 32917 -38.21538  0.0000
dilei:T3      54.185  26.86969 32917   2.01660  0.0437
dilei:ZZ_2     0.097   0.01986 32917   4.90575  0.0000
 Correlation:
          (Intr) dilei  nianfn T2      T3      T4     ZZ_2    DCHR1  dil:T3
dilei     -0.959
nianfen   -0.090  0.000
T2         0.001 -0.007 -0.014
T3        -0.679  0.664  0.005 -0.001
T4        -0.004  0.004 -0.008  0.000 -0.009
ZZ_2      -0.328  0.327 -0.004  0.000 -0.143  0.008
DCHR1     -0.025 -0.027  0.010  0.009  0.007  0.003  0.012
dilei:T3   0.646 -0.685  0.002  0.000 -0.961  0.009  0.144  0.046
dilei:ZZ_2 0.307 -0.329 -0.018 -0.001  0.138 -0.013 -0.963  0.016 -0.150
```

```
Standardized Within-Group Residuals:
        Min          Q1          Med          Q3          Max
-18.63551934  -0.39628614  -0.07313208   0.29203426  22.75772638

Number of Observations: 43900
Number of Groups: 10975
```

根据上述输出结果，模型 D.3 固定效应和随机效应的参数估计结果见表 29。

表 29 模型 D.2 的固定效应和检测结果

固定参数效应	估计值	标准误差	t 值	p-值
γ_{00}	3839.13	105.90	36.25	< 0.000
γ_{01}	-719.81	44.98	-16.00	< 0.000
β_1	338.60	6.90	49.07	< 0.000
β_2	0.78	0.30	2.66	< 0.008
γ_{30}	-43.49	61.67	-0.71	< 0.480
β_4	0.43	0.38	1.11	< 0.268
γ_{50}	0.92	0.04	20.90	< 0.000
β_6	-388.05	10.15	-38.22	< 0.000
γ_{31}	54.19	26.87	2.02	< 0.043
γ_{51}	0.10	0.02	4.91	< 0.000
随机参数效应	估计值	AIC		BIC
$\sigma_{\mu 0}$	2092.38			
$\sigma_{\mu 3}$	830.30	790883.8		791031.5
$\sigma_{\mu 5}$	0.50			
σ_ε	1532.77			

从表 29 可以发现，$\gamma_{01} = -719.81$，即可以解读为平原农民家庭人均总收入水平为 $\gamma_{00} + \gamma_{01} = 3119.32$ 元，丘陵的为 $\gamma_{00} + 2\gamma_{01} = 2399.51$ 元，山区的更少仅为 $\gamma_{00} + 3\gamma_{01} = 1679.7$ 元，说明地势对农民家庭人均初始收入水平产生比较大的影响；$\gamma_{31} = 54.19$，说明越是山区或是丘陵地区，农民种粮影响家庭收入越大，这也说明了越是山区或丘陵地区，交通、通

信等基础设施越不够完善，山区农业商品生产还存在很多困难，大多数家庭还是以生产粮食为主，产业结构比较单一。$\gamma_{51} = 0.10$，说明越是山区或是丘陵地区，家庭生产投入越是重要，对于平原地区而言，投入农民人均生产投入增加 1 元，家庭人均总收入增加 $\gamma_{50} + \gamma_{51} = 1.02$ 元，而对于丘陵地区来说增加 1.12 元，对山区更高可达到 1.22 元，说明山区或是丘陵地区可开发的农业资源还比较多，开发的空间比较大。2007–2010 年不同地势类型的农民家庭人均总收入拟合图如图 38 所示。

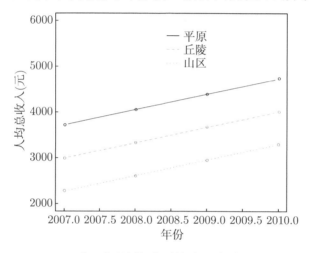

图 38 2007–2010 年不同地势类型的农民家庭人均总收入拟合图

4.4 本 章 小 结

本章通过建立多层线性模型分析了农民家庭的自身因素和外部因素如何共同影响其家庭人均总收入水平，模型引入的家庭的自身因素主要包括家庭期末实际经营的土地面积 (T2)、粮食播种面积 (T3)、经济作物播种面积 (T4)、家庭经营生产总支出 (ZZ_2) 和家庭常住人口 (DCHR) 等作为第一层次模型的自变量，外部因素主要包括农民家庭所在行政村离最近乡镇政府所在地距离 (SH_6)、离县城距离 (SH_5)、行政村人口规模 (CR1) 和地势类型 (Dilei) 等作为第二层次模型的自变量。通过对模型 A 至模型 D 的分析我们可以得出如下七点结论。

(1) 农民家庭人均总收入的时间效应非常显著，即随着时间的推移，广西农民家庭人均总收入明显增加,每年增加大约 300 元。

(2) 家庭期末实际经营的土地面积 (T2) 对农民增收的影响比较小,主要原因是农民家庭经营土地除了耕地生产效益比较好外,其他如山地、园地、水面养殖等生产效益比较低。如有些土地在当年根本得不到收益或极低,如林地、园地要经营多年后才有所收益。

(3) 扩大种粮食面积仍是农民增收的有效途径。尤其是那些离县城越远或离乡镇政府所在地越远,或是生活在山区里的家庭。

(4) 经济作物种面积对对农民增收的影响比较小,主要原因是以甘蔗为主要经济作物的广西在 2007–2010 年甘蔗收购价格低迷,这很大程度影响了广西经济作物种植面积的扩大。

(5) 家庭人口多仍是农民增收的重要负担,据上述模型预测,家庭常住人口每增加 1 个人,家庭人均总收入就减少 380 元左右。

(6) 行政村人口规模越大,越有利于农民增收,一方面行政村人口规模越大,就业信息越畅通,外出人口越大,越有利农民增收。另一面行政村人口规模越大,种粮效应越大,主要原因是在 2007–2010 年,多数农民家庭又还是以种粮为主的情况下,行政村人口规模越大,通过种粮增收的欲望更强,因此行政村人口规模越大,种粮面积对农民增收越强。

(7) 越是山区农民家庭收入水平越低,越是山区农民生产投入回报率越高,越是山区农民通过扩大种粮食面积获得收入的效果越显著。主要原因一方面是山区交通、信息不便,农产品商品化不足。另一方面,山区有比较丰富的物产资源、生态资源,而长期以来这些地区生产投入又不足,因此这些地区的投入效益比较高。

第5章 基于层次结构模型的南宁市
农民收入问题研究

围绕 "三农" 问题，打赢全面建成小康社会的扶贫攻坚战，凝聚着全国各族人民的共同凤愿和热切期待。支持民族地区、贫困地区的农民增收，实现这些地区农民尽早脱贫更是当前 "三农" 工作的重中之重。南宁市虽然作为广西政治、经济、文化、科教、金融和贸易中心所在地，但由于所辖的县区分布广、差异大，许多县区长期以来受到山地多、地形结构复杂、村落 "多、小、散、弱"、民族分布广等自然、民族、社会等诸多因素制约，农村贫困人口多且集中，社会经济发展缓慢，农民收入水平低，农户内部收入差距扩大。进入 21 世纪以来，南宁市农民收入水平虽然得到了很大提高，农民人均纯收入由 2007 年的 3453 元增加到了 2012 年的 6777 元，增加了 1.96 倍，但与周边省份省会所在的市相比，差距还比较大，2007 年南宁市农民人均纯收入仅相当于周边省的昆明市 86.3%、贵阳市 84.5%、海口市 76.2%、长沙市 52.2% 和广州市 40.1%，5 年后差距没有缩小反面呈现明显扩大趋势；2012 年南宁市农民人均纯收入仅相当于昆明市的 84.3%、贵阳市的 79.8%、海口市的 83.3%、长沙市的 43.0% 和广州市的 40.4%。

为弄清南宁市农户收入变化实质，本章利用农村住户调查微观数据资料，采用适应性核密度估计方法首先对不同层次农户收入状况进行分层描述，分析农户收入分布状况和其存在差异的原因，再建立多层次线性模型做进一步量化分析，最后基于分析结果提出一些政策建议。

5.1 南宁农户家庭人均总收入分布特点

为了解南宁市农户外部环境对农户家庭收入的影响情况，考虑到南宁市很多县区的地理环境和人口分布的与全区的其他地区有很大的相似性,我们依然采用分析全区农民收入问题一样的研究方法,先按照调查户所在行政村所属地势类型、人口规模、离最近乡镇政府和县政府所在地距离等不同属性进行分类,然后再采用非参数适应性核密度估计方法估计出南宁市相应类型人群的家庭人均总收入核密度分布图。2007 年、2010年和 2012 年南宁市不同农户家庭人均总收入核密度分布图如图 39 及图40 所示。

1) 不同地势类型和人口规模的行政村农户家庭人均总收入分布特点

从图 39 可以发现,农户所在行政村所属地势力类型和所拥有人口规模对南宁市个体农户家庭人均总收入分布状态均产生明显影响,在这两因素的影响下,南宁市农民人均总收入分布状态与全区的情况基本一致。从地势类型 (图 39 左侧) 看,山区农户家庭人均总收入分布图 (点线) 的

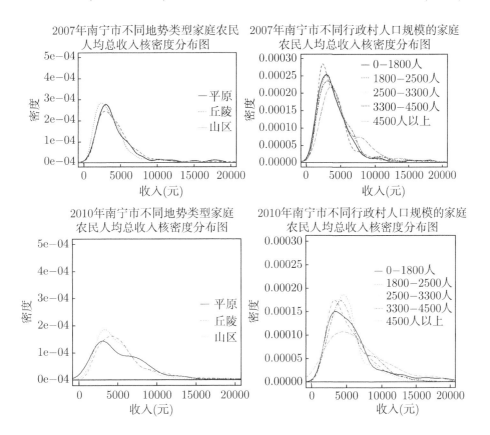

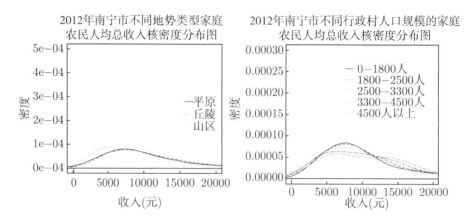

图 39　不同地势类和人口规模的行政村的农户家庭人均
总收入核密度分布图 (后附彩图)

走势最陡峭，峰值最高最靠左，尾部厚度最薄，丘陵地区 (短线) 分布图趋势比较平缓，峰值最低，这说明山区农户家庭人均收入差异比丘陵地区的少，低收入家庭人群比丘陵地区多，整体收入水平明显低于丘陵地区。从人口规模 (图 39 右侧) 上看，行政村人口规模越小，农户家庭人均总收入分布状态图右偏的程度越大，峰值越高，右侧曲线向下压越深，说明行政村人口规模越小，低收入家庭人群占比越大，整体家庭人均总收入水平越低，收入差距越小。从时间 (图 39 纵向) 上看，随着时间的推移，各类家庭的收入分布图都趋于平坦且往右平移，说明各类农户的家庭收入水平均有不同程度的增加，但收入差距在不断扩大。

2) 通达不同状况的行政村的农户家庭人均总收入分布特点

从图 40 可以发现，与全区的情况类似，农户所在行政村离最近乡镇政府所在地距离不同对南宁市农户家庭人均总收入分布的影响也明显不同，即乡镇所在地对周边农户家庭收入具有不同的辐射效应，县城所在地对农户家庭人均收入的影响亦如此。从离乡镇政府所在地的距离 (图 40 左侧) 看，离乡镇政府越远农户家庭人均总收入分布图右偏的程度越大，峰值越高，右侧曲线向下压得越深，尤其是离乡镇政府 20 公里以上的家庭更加明显，说明距离乡镇政府所在越远，低收入家庭人群占比越大，整体家庭人均总收入水平越低，收入差距越小，随着时间的推移，收入水平都在增加，但收入差距都在不断扩大。与离乡镇政府所在地的距离相比，与离县城所在地距离 (图 40 右侧) 对农户收入的辐射效应更强。

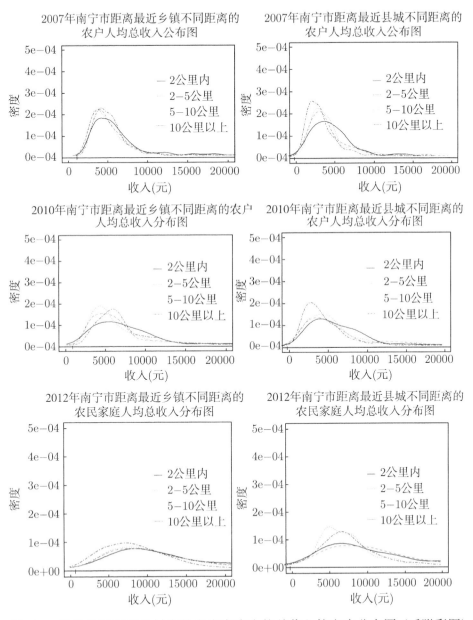

图 40 通达状况不同的村庄的农户家庭人均总收入核密度分布图 (后附彩图)

5.2　全区及南宁市农户家庭人均总收入分布特点比较分析

1) 通达状况不同的全区及南宁市农户家庭人均总收入分布特点比较分析

从图 41–图 43 可以发现, 农户所在行政村离最近乡镇政府所在地的距离在不同地方不同时间对农户家庭收入的影响是不一样的。2007 年, 全区及南宁市离最近乡镇政府所在地距离 2 公里以内和 10 公里以上的村庄的农民家庭人均总收入存在明显差异, 南宁市 2 公里以内和 10 公里以上的农民家庭人均总收入分布曲线 (短线) 比全区的 (实线) 明显趋缓, 峰值靠右且较低矮, 这说明南宁市农户家庭人均收入整体比全区的高, 内部收入差异比全区的大, 高收入家庭人群比全区的多, 而在 2 公里至 10 公里之间, 南宁市与全区的农民家庭人均总收入分布曲线基本一致, 说明这一年南宁市农民家庭人均总收入的差距主要由 2 公里以内和 10 公里以上两头人群的收入差距引起的。2010 年, 南宁市与全区的

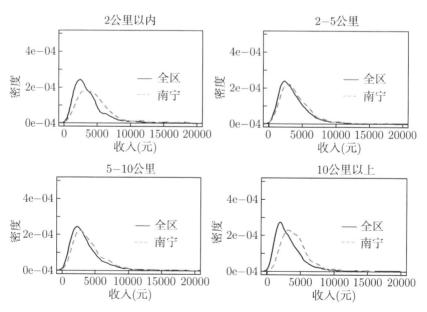

图 41　2007 年全区与南宁市离最近乡镇政府所在地不同距离的村庄农民人均总收入比较图

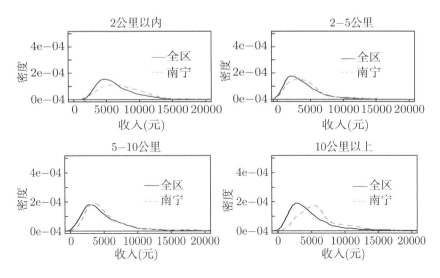

图 42　2010 年全区与南宁市离最近乡镇政府所在地不同距离的村庄农民
人均总收入比较图

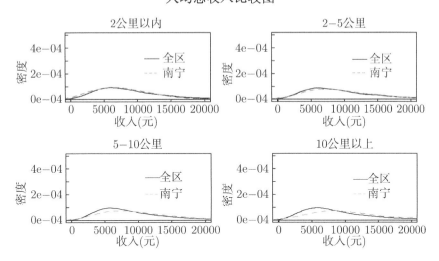

图 43　2012 年全区与南宁市离最近乡镇政府所在地不同距离的村庄农民
人均总收入比较图

农民家庭人均总收入分布曲线差异情况与 2007 年的情况基本一致，到
2012 年，两者之间的差异逐步发生了改变，其中 5 公里内南宁市农民家
庭人均总收入分布曲线与全区的基本吻合，5 至 10 公里和 10 公里以上
的南宁市农民家庭人均总收入分布曲线 (短线) 比全区的 (实线) 明显趋

缓，峰值靠右且较低矮，说明经过几年的发展，南宁市离最近乡镇政府所在地距离在 5 公里以内的村庄，其优越的有效促进农民增收的交通条件正逐渐被全区其他同条件的村庄赶上。对于离县城最近的情况，与离乡镇最近情况差不多，只是城县对周边辐射更大些，在此不再以重复。

2) 全区及南宁市不同地势类型的村庄农户家庭人均总收入分布比较分析

从图 44–图 46 可以发现，南宁市农户家庭人均总收入分布状态与全区的情况基本一致，村庄所属地势类型对农户家庭人均总收入分布状态的影响都是比较明显的。与全区相比，2007 年，无论在平原、丘陵，还是山区，南宁市农户家庭人均总收入分布曲线的峰值比全区的都稍靠右，说明南宁市收入最集中的人群收入水平比全区收入最集中的人群收入水平高，另外在丘陵和山区地区，南宁市的收入曲线多数情况下都是盖在全区的曲线上，在曲线峰值的右边，说明在丘陵和山区地区南宁市的中高收入水平人群比例比全区相同收入水平的大，这也是南宁市农民人均收入总体水平比全区高的重要组成部分；2010 年，南宁市和全区农民人均收入分布曲线除了在平原地区有些变化之外，其他两种情况与 2007 年的情况基本一致，在平原地区，南宁市农户家庭人均总收入分布曲线的

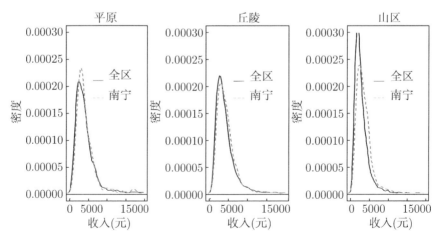

图 44　2007 年全区与南宁市不同地势类型的村庄农村居民

人均总收入分布比较图

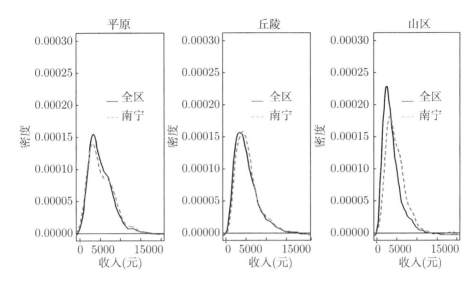

图 45　2010 年全区与南宁市不同地势类型的村庄农村居民
人均总收入分布比较图

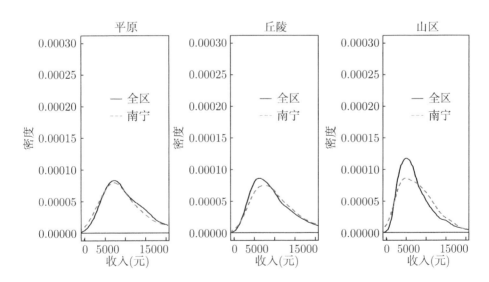

图 46　2012 年全区与南宁市不同地势类型的村庄农村居民
人均总收入分布比较图

峰值与全区的基本在同一条垂直直线上，而全区的峰值高于南宁市的峰
值，且峰值右侧南宁市曲线有相当部分地在全区的下边，峰值左侧没有

发生太多的变化，说明在平原地区南宁市中等收入水平的人群在不断地往高收入水平的人群挤；2012 年，与 2007 年和 2010 年类似，在丘陵和山区地区南宁市农民人均总收入分布状况与全区的差异并没有发生明显的变化，而平原的情况却与 2010 年情况有些相反，说明在平原地区南宁市的农民人均总收入分布并不是很稳定。

5.3　基于多层线性模型的南宁市农民收入影响因素分析

与第 4 章谈到全区的情况类似，南宁市农户家庭收入变化除受家庭自身因素影响外，家庭所处外在环境影响也是非常明显的。考虑到这些影响因素具有明显的层次结构性特点，因此为更深入地了解这些因素对农户家庭人均总收入水平的影响，我们通过建立与第 4 章类似的多层次线性模型来对南宁市农户家庭人均收入做进一步的分析。

5.3.1　多层线性模型

假设农户家庭人均总收入受第一层次因素影响的变量为 X，第二层次因素影响变量为 W，则农户家庭人均总收入的多层次线性模型为

第一层次模型 (个体内模型)：

$$\text{ZS\_0}_{ij} = \beta_{0j} + \beta_{1j}X_{1ij} + \beta_{2j}X_{2ij} + \cdots + \beta_{Pj}X_{Pij} + \varepsilon_{ij}$$

$$\varepsilon_{ij} \sim N(0, \sigma_\varepsilon^2), \quad i = 1, \cdots, N, \ j = 1, \cdots, M \tag{5.1}$$

第二层次模型 (个体间模型)：

$$\beta_{pj} = \gamma_{p0} + \gamma_{p1}W_{1j} + \gamma_{p2}W_{2j} + \cdots + \gamma_{pq}W_{qj} + \mu_{pj}, \quad p = 0, 1, \cdots, P \tag{5.2}$$

$$\mu_j = \begin{pmatrix} \mu_{0j} \\ \mu_{1j} \\ \vdots \\ \mu_{Pj} \end{pmatrix} \sim N(0, \Sigma)$$

其中，i 表示第 i 个农户家庭，j 表示第 j 个行政村，Σ 是向量 $\mu_{\cdot j}$ 的相关阵。第一层模型中的 β_{0j} 代表第 i 个农户所在村的平均人均总收入水

平, 即当所有自身因素 X 全为 0 时 ZS_0 值, β_{pj} 代表农户 i 的家庭人均总收入受第 p 个因素 X_{pij} 影响的系数, ε_{ij} 代表第 i 个农户家庭人均总收入在 j 行政村没被解释的部分; 第二层模型中的 $\gamma_{00}(p=0)$ 代表所有农户平均人均家庭总收入水平, γ_{pq} 代表 X_{pij} 的系数 β_{Pj} 受到外部第 q 个因素 (即第二层第 q 个因素) 的影响系数, $\mu_{0j}, \mu_{1j}, \cdots, \mu_{Pj}$ 是农户间模型的残差, 假定所有的 μ_i 与所有的 ε_{ij} 独立。

在使用多层线性模型之前, 首先要对数据结构进行检验, 即对无解释变量的 "零" 模型 (5.3) 进行检验, 以保证使用的数据满足多层线性模型。"零" 模型:

$$\text{ZS\_0}_{it} = \beta_{0i} + \varepsilon_{it} \tag{5.3}$$

$$\beta_{0i} = \gamma_{00} + \mu_{0i} \tag{5.4}$$

下标 it 表示第 i 个体在时间 $t(=0,1,2,4)$ 的测量指标, 将 (5.4) 式代入 (5.3) 式, 得到一个具有随机效应的方差分析模型:

$$\text{ZS\_0}_{it} = \gamma_{00} + \mu_{0i} + \varepsilon_{it} \tag{5.5}$$

在该模型中, $\sigma_{\mu 0}^2$ (即 $\text{Var}(\mu_{0t})$) 反映的是个体间差异, σ_ε^2 (即 $\text{Var}(\varepsilon_{it})$) 代表组内测量数据之间的差异。组内相关系数 (intra-class correlation, ICC):

$$\text{ICC} = \frac{\sigma_{\mu 0}^2}{\sigma_{\mu 0}^2 + \sigma_\varepsilon^2} \tag{5.6}$$

对 $\sigma_{\mu 0}^2$ 进行显著性检验, 如果检验结果显著, 则可以考虑建立一个农户收入多层次线性模型, 即使用模型 (5.1)、(5.2) 做进一步分析。

5.3.2 数据描述

本节使用的数据来源于南宁市农村住户调查资料, 调查样本覆盖全南宁的武鸣县、横县、宾阳县、上林县、马山县、隆安县 6 个县和青秀区、兴宁区、江南区、良庆区、邕宁区、西乡塘区 6 个区, 2007–2010 年调查样本为 130 个行政村 (包括城中村), 共 1300 户农户, 2011–2012 年调查样本为 122 个行政村, 共 1220 户农户。各类型调查村的分布情况见表 30。

表 30　2007–2012 年各类型调查村分布况表　　（单位: 个）

指标	地势类型			距离最近乡镇政府所在地				距离最近县城所在地			
	平原村	丘陵村	山区村	0–2 公里	2–5 公里	5–10 公里	10 公里以上	0–2 公里	2–5 公里	5–10 公里	10 公里以上
2007–2010 年	130	1020	150	135	375	485	305	115	195	240	750
2011–2012 年	160	930	130	100	330	510	280	230	110	70	810

5.3.3　变量定义

　　本章主要研究南宁市农户自身和村庄形成的两个层次因素对农户家庭人均总收入的影响，农户的自身因素主要包括家庭生产费用、实际经营土地面积、粮食播种面积、经济作物播种面积和家庭常住人口等，村庄因素主要包括农庄总人口规模、地势类型和通达状况 (距最近县城的距离和距最近乡镇政府所在地距离)，研究中涉及的变量及含义描述情况见表 31。

表 31　有关变量的定义及含义

层次	代码	解释变量名称	单位
因变量	ZS_0	调查户家庭人均总收入	元
	Nianfen	调查年份	—
	ZZ_2	调查户家庭人均生产费用支出	元
第一层: 农户自身因素	T2	调查户家庭人均期末实际经营土地面积	亩
	T3	调查户家庭人均粮食播种面积	亩
	T4	调查户家庭人均经济作物播种面积	亩
	DCHR	调查户家庭常住人口	人
	CR1	总人口规模	—
第二层: 行政村特征	SH_5	距最近县城的距离	—
	SH_6	距最近乡镇政府所在地距离	—
	Dilei	地势类型	—

　　CR1 为调查户所在行政村人口规模，把所有村分成五等分，其中 1 代表常住人口为 0–1800 人，2 代表常住人口为 1800–2500 人，3 代表常住人口为 2500–3300 人，4 代表常住人口为 3300–4500 人，5 代表常住人口

为 4500 人以上；SH_5 和 SH_6 分别代表调查户所在行政村距最近县城的距离和最近乡镇政府所在地距离，其中 1 为 0–2 公里，2 为 2–5 公里，3 为 5–10 公里，4 为 10 公里以上；Dilei 表示调查户所在行政村地势类型，其中 1 为平原，2 为丘陵，3 为山区。

5.3.4 模型估计结果

从对"零模型"估计及检验结果看，由 R 软件计算得 $\sigma_{\mu0}^2 = 3670^2 = 13466450$

$\sigma_\varepsilon^2 = 2733^2 = 7467597$，AIC$=99795.07$，BIC$=99814.74$，组内相关系数 (intra-classcorr elation，ICC)：

$$\text{ICC} = \frac{\sigma_{\mu0}^2}{\sigma_{\mu0}^2 + \sigma_\varepsilon^2} = \frac{13466450}{13466450 + 7467597} = 0.6432$$

表明南宁市农户家庭人均总收入中 64.32% 的总变异是由农户所居住行政村差异产生的。因此，进一步建立农户家庭人均总收入多层次模型为

第一层次模型：

$$
\begin{aligned}
\text{ZS\_0}_{ij} =& \beta_{0i} + \beta_{1i}\text{nianfen}_{ij} + \beta_{2i}T2_{ij} + \beta_{3i}T3_{ij} + \beta_{4i}T4_{ij} \\
& + \beta_{5i}\text{ZZ\_2}_{ij} + \beta_{6i}\text{DCHR}_{ij} + \varepsilon_{ij}
\end{aligned}
\tag{5.7}
$$

第二层次模型：

$$\beta_{0i} = \gamma_{00} + \gamma_{01}W_{ij} + \mu_{0i} \tag{5.8}$$

$$\beta_{3i} = \gamma_{30} + \gamma_{31}W_{ij} + \mu_{3i} \tag{5.9}$$

$$\beta_{5i} = \gamma_{50} + \gamma_{51}W_{ij} + \mu_{5i} \tag{5.10}$$

合并后得

$$
\begin{aligned}
\text{ZS\_0}_{ij} =& \beta_{0i} + \beta_{1i}\text{nianfen}_{ij} + \beta_{2i}T2_{ij} + \beta_{3i}T3_{ij} + \beta_{4i}T4_{ij} \\
& + \beta_{5i}\text{ZZ\_2}_{ij} + \beta_{6i}\text{DCHR}_{ij} + \varepsilon_{ij} \\
=& \gamma_{00} + \gamma_{01}W_{ij} + \beta_{1i}\text{nianfen}_{ij} + \beta_{2i}T2_{ij} + \gamma_{30}T3_{ij} + \beta_{4i}T4_{ij} \\
& + \gamma_{50}\text{ZZ\_2}_{ij} + \beta_{6i}\text{DCHR}_{ij} + \gamma_{31}W_{ij}T3_{ij} + \gamma_{51}W_{ij}\text{ZZ\_2}_{ij}
\end{aligned}
$$

$$+ (\mu_{0i} + \mu_{3i}T3_{ij} + \mu_{5i}ZZ\_2_{ij} + \varepsilon_{ij}) \tag{5.11}$$

其中，第二层次因素 W 依次为 Dilei、CR1、SH_5、SH_6 时所对应的模型 1–模型 4。由于受样本数量限制 (可用样本数量为 5200 个)，模型仅考虑 T3、ZZ_2 的系数为变系数 (与允许其他自变量为变系数相比，允许此两因素为变系数时，模型 AIC 最小)。使用 R 软件的 ML 方法估计模型 1 至模型 4 结果见表 32。

从表 32 中可以发现，模型 1 至模型 4 的 AIC 准则和 BIC 准则均比"零模型"的 (AIC=99795.07，BIC=99814.74) 小很多，说明模型经过进一步改进后都比较好。从参数估计及检验结果看，可以得出以下几点结论：

(1) 参数 γ_{01} 估计值在模型 1、3 和 4 中分别为 -66.6、-66.6 和 -25.6，均为负值，除了模型 1 中 p-值外，其他均小于 0.05，说明农户所居住行政村的地势类型、人口规模、通达情况等特征对农户家庭人均总收入水平均产生显著影响。农户所居住行政村是平原、行政村人口规模越大、离乡镇政府所在地或县城越近，农户家庭人均总收入水平越高，此外，与乡镇政府所在地相比，县城的辐射能力更强。

(2) 参数 γ_{31} 估计值在模型 1 至模型 4 中分别为 67.2、71.4、35.8 和 3.3，均为正值，说明农户居住不同的村庄，种粮面积影响农户家庭人均收入水平是不一样的，离乡镇政府所在地或县城越远，提高农户种粮面积对提高家庭人均总收入水平越有利，农户居住人口规模越大的村庄亦是如此。参数 γ_{30} 在模型 3–模型 4 中其估计值分别为 326.4 和 67.5，p-值均小于 0.05，参数估计值具有显著统计意义，说明种粮仍是通达乡镇政府所在地或县城比较远的村庄农户增收的重要渠道。

(3) 模型 1–模型 4 中参数 β_6 的估计值分别为 -331.9、-328.2、-312.9 和 -328.5，且 p-值均为 0.000，说明农户家庭常住人口数量对农户家庭人均总收入的影响是显著的，在其他条件不变的情况下，家庭常住人口数量每增加 1 个人，农户家庭人均总收入减少 330 元左右，说明农村家庭人口还未真正转化有效劳动资本从而促进农民人均收入的增加，反而是农村家庭人均收入增加的负担。

表 32 多层线性发展模型固定参数效应及随机参数效应估计检验

指标	系数	模型 1: W = Dilei		模型 2: W = CR1		模型 3: W = SH.5		模型 4: W = SH.6	
		估计值	p-值	估计值	p-值	估计值	p-值	估计值	p-值
固定参数效应	γ_{00}	3988.24	0.000	1917.67	0.000	3904.18	0.000	2961.61	0.000
	γ_{01}	−66.6	0.076	98.5	0.037	−84.0	0.000	−25.6	0.041
	β_1	297.3	0.000	293.7	0.000	292.4	0.000	296.0	0.000
	β_2	8.8	0.452	11.1	0.343	15.0	0.201	9.9	0.400
	γ_{30}	220.4	0.209	160.8	0.095	326.4	0.000	67.5	0.002
	β_4	12.8	0.000	12.7	0.000	12.7	0.001	12.8	0.001
	γ_{50}	1.1	0.000	1.2	0.000	1.0	0.000	1.2	0.000
	β_6	−331.9	0.000	−328.2	0.000	−312.9	0.000	−328.5	0.000
	γ_{31}	67.2	0.439	71.4	0.005	35.8	0.000	3.3	0.612
	γ_{51}	0.10	0.241	0.0	0.717	0.00	0.000	0.00	0.077
随机参数效应	$\sigma_{\mu 0}$	1779.09		1758.59		1620.05		1774.77	
	$\sigma_{\mu 3}$	748.82		739.24		697.97		746.76	
	$\sigma_{\mu 5}$	0.38	—	0.38	—	0.36	—	0.38	—
	σ_ε	1249.26		1250.65		1254.37		1249.14	
准则	AIC	91591.51		91585.24		91496.13		91587.85	
	BIC	91702.97		91696.7		91607.59		91699.31	

注: p-值小于 0.05 认为存在统计学上的显著意义

(4)在模型 2 中参数 γ_{01} 为 98.5，p-值小于 0.05，说明在行政村人口规模越多的村庄，农户家庭人均总收入水平越高。另外，参数 γ_{30}、p-值均大于 0.05，没有显著统计意义，$\gamma_{51} = 0.0$，说明粮食播种面积和生产经营费用支出对农户家庭收入的影响并不是随着行政村人口规模增多而效益就好，这更说明了行政村人口规模越多的村庄，就业信息就越畅通，外出务工人数越多，工资性收入水平越高，因此家庭人均总收入水平更高。

5.4 本 章 小 结

通过对南宁市不同类型农户群体收入分布特点的分析，并建立农户家庭人均总收入多层次线性模型，结果表明：

(1) 随着时间推移，南宁市农户家庭人均收入水平不断增加，农户内部收入差距不断拉大，且大于全区的程度。

(2) 与全区的情况类似，在山区，南宁市农户家庭人均总收入内部差距最小，收入水平最低。从促进农民增收途径看，短期内，有效增加粮食播种面积，更能提高农户家庭人均总收入水平。

(3) 与全区的情况类似，在南宁市，行政村人口规模越多的村庄，农户家庭人均总收入水平越高，特别是农户家庭工资性收入水平越高，因为行政村人口规模越多，信息沟通面就越广，就业信息传播就越快、越畅通，外出就业人数越多，农户工资性收入水平就越高，但收入差距也会拉大。

(4) 在南宁市，离最近乡镇政府所在地或县城越近、通达能力较好的村庄，农户家庭收入水平越高，但收入差距比较大。从促进农民增收途径看，通达较差的村庄，通过提高农户耕地经营面积、粮食播种面积、经济作物播种面积和生产经营费用支出对增加农户家庭收入发挥的作用越大。

(5) 农户家庭人口多仍然是家庭人均总收入进一步提高的主要屏障，主要原因是家庭劳动力素质还比较低，家庭有效生产效率没有得以全面解放。

第6章 总结与对策建议

基于第3章对广西农民人均总收入的适应性核密度估计和第4章建立多层次线性模型对广西农民人均总收入的影响因素分析，我们得出如下结论并提出几点建议。

6.1 结 论

由于受历史、民族和自然环境条件等因素影响，广西大多数农村居民人口居住分散，主要分布在山区、丘陵、喀斯特地貌等地区，交通、通信等基础设施落后，农村经济产业结构单一、发展不平衡仍突出，农业抗风险能力差，差距扩大等问题依然存在。

从2007~2012年广西农民人均总收入变化趋势看，其主要特征如下。

(1) 随着时间的推移，广西低收入家庭比重不断下降，高收入家庭比重不断提高，农村居民家庭人均总收入水平明显增加，农村居民家庭人均总收入分布逐年平坦，农村居民内部收入差距日益扩大。

(2) 农民家庭离乡镇政府所在地越远，家庭人均总收入水平越低，收入差异越小，特别是离乡镇政府所在地超过20公里以上的家庭这种现象表现得更加明显。与离最近乡镇政府所在地影响相类似，农民家庭离县城越远，低收入人群越集中，家庭人均总收入水平越低。与离最近乡镇政府所在地不同，农民家庭受最近县城的辐射影响更大，对农民增收的辐射效应更加明显。

(3) 居住在山区里的农村家庭的整体收入水平明显比平原地区和丘陵地区的低，收入差异也比平原地区和丘陵地区的小。随着时间的推移，山区、丘陵和平原农民家庭人均收入水平逐年增长，农民家庭间收入差异也在逐年扩大。

(4) 所在行政村人口规模越大，家庭人均总收入中等偏上的家庭数比重就越大，收入差距越大。其中，农民家庭工资性收入受所在行政村人口规模影响更加明显，行政村人口规模越大，工资性收入中等偏下的家庭数比重越小。

从影响农民家庭人均总收入的因素看，主要有以下几点：

(1) 扩大种粮食面积仍是农民增收的有效途径，尤其是那些离县城越远或离乡镇政府所在地越远，或是生活在山区里的家庭。

(2) 山地、园地、水面养殖等生产效益比较低。因此家庭经营土地面积即使在扩大，但仍然难以促使农民大幅度增收。

(3) 家庭人口仍是影响农民增收的重要因素，家庭常住人口越多，收入水平越低。据预测，家庭常住人口每增加 1 个人，家庭人均总收入就减少 380 元左右。

(4) 行政村人口规模越大，越有利于农民增收。一方面原因是行政村人口规模越大，就业信息越畅通，外出人口越大，越有利农民增收。另一面是，行政村人口规模越大，农村商业越发达，农产品商品化程度越高，越有利农民增收。

(5) 越是山区农民通过扩大种粮食面积获得收入的效果越显著，越是山区农民生产投入回报率越高。主要原因一方面是山区交通、信息不便，农产品商品化程度不高，多数家庭仍然以种粮为主；另一方面，山区地理独特，有比较丰富的物产资源、生态资源，而长期以来这些地区生产投入又不足，因此这些地区的投入效益比较高。

6.2　对策与建议

根据自治区人民政府关于农民人均纯收入倍增计划，到 2020 年广西农民人均纯收入达到 1.67 万元 (按当年价),2013 年广西农民人均纯收入 6791 元，已完成 2020 年倍增目标的 40.7%，未来 7 年时间，需要年均名义增长 13.7%，就可以完成余下 59.3% 的目标任务。当前，我国经济在经历 30 多年的快速增长之后，已经告别高速增长进入到 "常态增长" 阶段。在新常态下，广西农民收入要保持较高增长速度，难度较大。因此，必须要有超常思维、超常举措，全力推进农民增收工作。

加快推进地区经济发展。发展是硬道理。促进广西农民增收，不论从当下还是从长远来看，都应当是以立足于发展地区经济作为前提和基础。自十八大以来，国家对新一轮区域发展总体布局作出一系列重大部署。其中，就明确要求把广西建设成为中国面向东盟的国际大通道、西南中南地区开放发展新的战略支点和"一带一路"有机衔接的重要门户。应紧紧抓住这一难得的发展机遇，实施"双核驱动"战略，全面深化改革，主动承接产业转移，因地制宜推进各地特色经济的发展，为新常态下广西继续保持经济增速高于全国平均水平、实现与全国同步全面建成小康社会提供根本动力。

(1) 加快城镇化进程，提高城镇化水平。在发展大中城市的同时，要重视县城、农村小城镇的发展，政府把掌握的公共资源重点投向农村，加快改善县城和农村小城镇投资环境和生产生活环境，政府可以通过相应的政策和法规，促进大中城市的某些与农业关系密切的产业迁移到县城或农村的小城镇，这既可加快地方工业化和城市化发展，又能使本地农村剩余劳动力就近转移，从而降低农业劳动力和人口转移成本，减少大中市为安置农民工花大钱建廉租房的压力，还可增加农民对农业和农村发展的关注程度。在推进城镇化过程中遇到的矛盾和问题，要用改革的办法加以解决，要大胆探索与城镇化配套的改革措施。

(2) 积极推进农村耕地制度改革，适度发展农户家庭经营规模。在山区农村，深化耕地制度改革，在保持现有耕地承包使用权长期化、物权化的前提下，允许继承、入股、转租、赠予和委托他人经营，让耕地使用权的出让方获得合法的土地财产收入。与些同时，通过培训，培育农村能人，鼓励他们到山区承包耕地，办农场、牧场，充分利用山区的资源优势。

(3) 做大做强农业产业，提高农民家庭经营收入水平。要把发展农业特色产业作为提高农业综合效益和促进农民增收的战略措施，立足农产品资源丰富的优势，以优质、高产、高效、生态、安全为主攻方向，突出地方特色，优先发展优质粮、糖料蔗、桑蚕、食用菌、水果、蔬菜、木薯、中药材等优势特色种植业，以及生猪、优质鸡、奶水牛、水产品等优势特色养殖业，积极发展速丰林、油茶、核桃、花卉、绿化苗木、香料等林业优势特色产业以及林下经济。大力发展各具特色的都市农业、观光农业、休闲农业、会展农业、节庆农业，推动农业向"接二 (产) 连三 (产)"延伸。

(4) 加强扶贫开发工作力度，提高贫困地区农民收入。根据广西农村贫困人口主要分布在大石山区和边境地区的特点，采取特殊的政策措施。一是对大石山区资源贫乏的贫困村屯，实施农民下山脱贫致富工程。二是增强对民族传统文化资源的开发意识，挖掘和弘扬民族传统优秀文化，让民族文化体现时代特点，为民族地区脱贫致富给力。三是扩大实行"领导挂点、单位包村、干部包户"的扶贫范围，以十八大会议精神为契机，强加实施整村推进扶贫开发。

(5) 加强基础设施建设，提高农业防灾抗灾能力。加大对农田水利基本建设的投入，加快重点水利工程、农村饮水安全工程建设。实施中小河流治理、大中型灌区配套设施与节水改造、小型农田水利重点县建设，发展高效节水灌溉。强化动植物疫病灾害、农业气象灾害等防灾减灾基础设施建设，抓好重大动物疫病防控。从而增强防灾抗灾能力，保证农业生产的稳定，确保农业增效、农民增收。

(6) 重视农村地区传统文化资源开发，充分发展农村旅游事业。广西许多农村地区，也是少数民族聚居地区，那里蕴藏着许多丰富多彩的传统文化资源。民族传统文化资源是人民群众长期创造、积累的智慧结晶，是可以持续发展的宝贵财富。改革开放以来，随着人们生活水平的提高，旅游业逐步得到发展，一些农村地区的自然风光，山水秀美的景观已得到了开发。但对民族传统文化的开发重视还不够，保护也不尽人意，在今后开发中应重视民族传统文化的开发保护和旅游开发综合利用。

(7) 加强农村剩余劳动力职业培训力度，提高农民工劳动技能。加大职业培训力度，积极拓展我区劳务经济发展空间，科学布局东、中、西部地区劳务输出走向，大力开展区域劳务合作，着力加强与劳务需求量较大地区的联系，特别要与经济发达地区建立有效的劳务对接协作机制，把我区劳务经济紧密地融入区域劳动力大市场，不断扩大劳务输出规模，促进农民工资性收入增长。

(8) 健全农村社会保障体系，提高和改善农民工就业环境。一是改善农村外出务工的劳动者的工作和生活条件，特别是农村外出务工的女性劳动者；二是为他们的子女受教育安排不同的渠道，使其子女在教育上所获得的待遇和城市居民的子女不应有所差异；三是加强管理，包括留守老人、计划生育、就业、卫生和法律援助，保障农民权益。

参 考 文 献

蔡昉. 2006 . 农村发展与增加农民收入. 北京: 中国劳动社会保障出版社.

陈恭军, 田维明. 2012. 扩大贸易开放对我国农民收入的影响研究. 农业技术经济,11:85-89.

陈锡文. 2001. 试析新阶段的农业、农村和农民问题. 宏观经济研究,11:12-19.

崔俊富, 刘瑞, 苗建军. 2009. 人力资本与经济增长 —— 兼论经济增长贫困陷进. 商业经济与管理, 10: 89-96.

道格拉斯 A. 卢克. 2012. 多层次模型. 上海: 格致出版社 & 上海人民出版社.

杜旭宁. 2003. 农民权益的缺失及其保护. 农业经济问题,10:10-13.

盖笑松, 张向葵. 2005. 多层线性模型在纵向研究中的应用. 心理科学, 28(2): 429-431.

高梦滔, 姚洋. 2006. 农户收入差距的微观基础: 物质资本还是人力资本. 经济研究,12: 71-80.

郭志仪, 常晔. 2007. 农户人力资本投资与农户收入增长. 经济科学,3:26-33.

金太军, 张劲松.2002. 影响农民收入增长的体制性障体制性障碍. 中国经济问题,4:17-26.

雷雳, 张雷. 2002. 多层线性模型的原理及应用. 首都师范大学学报 (社会科学版),2:110-114.

李晓鹏, 方杰, 张敏强.2011. 社会科学研究中多层线性模型方法应用的文献分析. 统计与决策,23:72-75.

林光彬. 2002. 社会等级制度与 "三农" 问题. 读书,2:30-36.

刘红云, 孟庆茂.2002. 教育和心理研究中的多层线性模型. 心理科学进展,10(2):213-219.

闵素芹, 李群.2010. 多层线性模型中的经验贝叶斯与完全贝叶斯方法及其比较. 统计与决策,11:4-6.

盛洪. 2003-1-27. 让农民自己代表自己. 经济观察报.

石磊, 向其凤, 张炯, 等.2011. 物质资本、人力资本、就业结构与西部民族地区农户收入增长. 数理统计与管理,30(6)：1030-1038.

谭静. 1996. 农业产业化研究进展综述,10:33-39.

王春超. 2005. 中国农户收入增长与就业决策行为: 一个动态解释 —— 基于湖北农户跟踪调查的实证研究. 统计研究,25(5): 50-60.

王雷, 王代敬.2000. 扩大内需的关键是增加农民收入. 四川师范学院学报,2:12-16.

吴敬琏. 2002. 农村剩余劳动力转移与 "三农" 问题. 宏观经济研究,6:6-9.

谢宇. 2010. 回归分析. 北京: 社会科学文献出版社.

阳俊雄. 2001. 农业劳动力转移的新阶段及对农民收入增长的影响. 调研世界,4: 18-20.

张雷, 雷雳, 郭伯良.2003. 多层线性模型应用. 北京: 教育科学出版社.

张璇.2011. 分层线性模型的最大后验估计. 统计与信息论坛,26(1):10-15.

朱军. 2000. 线性模型分析原理. 北京: 科学出版社.

Curran P J, Stice E, Chassin L.1997 .The relation between adolescent and peer alcohol use: A longitudinal random coeffients model. Journal of Consulting and Clinical Psychology, 65:130-140.

Diez-Roux A Y, Merkin S S, Arnett D,et al. 2001. Neighborhood of residence and incidence of coronary heart disease.New England Journal of Medicine, 345: 99-106.

Duncan C, Jones K, Moon G. 1998. Context, composition and heterogeneity: Using multilevel models in health research.Social Science and Medicine, 46:97-117.

Emanuel Parzen. 1962. On Estimation of a Probability Density Function and

Mode. The Annals of Mathematical Statistics,33(3):1065-1076.

Gelman A. 2003. Prior distributions for variance parameters in hierarchical models (comment on article by Browne and Draper). Bayesian Anal., 1(3): 515-134.

Gili A A, Noellemeyer E J, Balzarini M. 2013.Hierarchical linear mixed models in multi-stage sampling soil studies. Environmental and Ecological Statistics , 20(2):237-252.

Goldstein H,Yang M, Omar R,et al. 2000. Meta-analysis using multilevel models with an application to the study of class size effects. Applied Statistics, 49: 399-412.

Holmes M D, Hunter D J, Colditz G A, et al. 1999. Association of dietary intake of fat and fatty acids with risk of breast cancer. Journal of the American Medical Association, 281:914-920.

K. Smith G. 2004. Linear models and empirical Bayes methods for assessing differential expression in microarray experiments.Statistical Applications in Genetics and Molecular Biology, 3 (1):1-25.

Kreft I. 1995. The effects of centering in multilevel analysis: Is the public school the loser or the winner? A new analysis of an old question.Multilevel Modeling Newsletter, 7:5-8.

Li R X, Stewart B, Weiskittel A. 2012. A Bayesian approach for modelling non-linear longitudinal/hierarchical data with random effects in forestry. Forestry, 85 (1): 17-25.

Lochner K,Pamuk E, Makuc D, et al.2001.State-level income inequality and individual mortality sisk: A prospective, multilevel study. American Journal of Public Health, 91:385-391.

Luke D A, Krauss M.2004.Where there is smoke there is money: Tobacco industry campaign contributions and U. S. Congressional voting. American Journal of Preventive Medicine, 27(5):363-372.

Meas L, Lievens J. 2003. Can the school make a indifference? A multilevel analysis of adolescent risk and health behavior.Social Science & Medicine, 56: 517-529.

Philippe Van Kerm. 2003. Adaptive kernel density estimation. The Stata Journal, 2003,3(2):148-156.

Randenbush S W , Bryk A S. 2002.Hierarchical Linear Models: Application and Data Analysis Method(2nd ed). Sage Pub.Inc.

Rosenblatt M. 1956 Renarks on Some Nonparametric Estimates of a Density Function. Ann. Math. Statist, 27:832-837.

附件：广西壮族自治区人民政府关于印发广西农民人均纯收入倍增计划的通知

桂政发 [2013]9 号

各市、县人民政府，自治区农垦局，自治区人民政府各组成部门、各直属机构：

《广西农民人均纯收入倍增计划》已经自治区第十二届人民政府第1次常务会议审议通过，现印发给你们，请认真组织实施。

2013 年 2 月 4 日

广西农民人均纯收入倍增计划

为贯彻落实党的十八大精神，确保到 2020 年广西农民人均纯收入比 2010 年翻 1.88 番，达到全国平均水平，与全国同步全面建成小康社会，特制定本计划。

一、明确目标任务

(一) 确保 2020 年我区农民人均纯收入达到全国平均水平。从 2012 年到 2020 年，努力实现我区农民人均纯收入年均实际增长 10.3%，略高于全国平均水平；到 2020 年，按当年价我区农民人均纯收入达 1.67 万元，比 2010 年翻 1.88 番；按 2010 年不变价达到 1.18 万元，比 2010 年翻 1.38 番，确保达到全国平均水平，与全国同步全面建成小康社会。

二、加快发展现代农业，提高农民家庭经营收入

(二) 加快推进农业结构调整助增收。加大农业结构调整力度，加快发展优势特色产业，重点优先发展优质粮、糖料蔗、桑蚕、水果、蔬菜、木薯、中药材等优势特色种植业，以及生猪、优质鸡、奶水牛、草食动物、罗非鱼、对虾、贝类、龟、鳖等优势特色养殖业和远洋捕捞，积极发展速丰林、油茶、花卉、绿化苗木、香料等林业优势特色产业以及-药、林-菜、林-菌、林-禽、林-畜、林-蜂等林下经济。着力加强生产基地建设，鼓励和支持优势产区集中发展大宗农产品、特色农产品优势产业带，推进优势产品向优势区域集中，进一步巩固提升我区糖料蔗、木薯、桑蚕、速丰林、八角、肉桂、松香、大蚝、对虾、罗非鱼、奶水、牛等在全国的领先地位，加快把粮食、蔬菜、水果培育为超 500 亿元，把糖料蔗、畜禽、速丰林培育为超 1000 亿元的强优农业产业，确保优势特色产业在农民收入倍增中的基础性地位和作用。

（三）突出特色优势发展水产畜牧业助增收。稳定生猪家禽产业，重点实施罗非鱼、对虾、龟鳖、牡蛎和生猪、家禽、奶水牛、肉牛、山羊、鹅肥肝等一批优势水产畜牧产业项目，推进适度规模养殖。重点突破以草食动物为主的特色养殖，注重发展龟、大鲵等名贵特色产品。大力发展林下生态养殖和渔业标准化规模养殖。发展产品加工流通服务业。实施品牌战略、百店战略，推进"农超对接""农校对接""农社对接"。认真抓好产品质量安全监管和重大动物疫病防控工作，切实解决养殖农民贷款难、用地难、用电难等影响水产畜牧业增收的实际问题。到 2020 年，水产畜牧业转变经济发展方式取得重大进展，水产畜牧业一产产值超过 2000 亿元，农民从事养殖业获得的收入在 2010 年的基础上实现翻番。

（四）大力推动农业产业化发展助增收。扶持壮大农业龙头企业，建立自治区农业产业化示范基地，推进龙头企业集群发展，重点打造一批年经营收入超 50 亿元、100 亿元的大型龙头强优企业。支持龙头企业组建大型企业集团，建立国家级、自治区级企业技术中心。加快建设农产品仓储、冷藏、初加工等设施，开展标准化生产、品牌化经营，与批发市场、超市等直接对接。积极发展适度规模经营，引导土地承包经营权向生产和经营能手集中，加快培育和发展种养大户、家庭农场，建立规模化生产基地，推动"一村一品""一乡一业"高效快速发展。支持农业龙头企业、专业合作社建立农产品加工基地，大力发展精深加工，推广产后贮藏、保鲜等初加工技术与装备，实施订单生产，开展连锁经营。

（五）积极拓展农业功能助增收。充分挖掘农业多种功能，大力发展各具特色的都市农业、观光农业、休闲农业、会展农业、节庆农业，推进农业向"接二 (产) 连三 (产)"延伸，加快培育农民收入新的增长点。拓宽农业和森林生态服务功能，科学开发不同层次、多种品味的观光休闲、生态农业、森林旅游等乡村旅游产品，结合实施城乡风貌改造工程，建成一批具有鲜明特色的生态和旅游名镇名村，增加农民在第三产业的经营性收入。

(六) 推进乡村旅游发展助增收。坚持把发展乡村旅游作为农民增收的有效途径。开展全国休闲农业与乡村旅游示范县、示范点、特色旅游名镇名村创建工作。到 2015 年，乡村旅游就业人数超过 200 万人；打造广西星级乡村旅游区 200 家，其中四星级以上 50 家；培育广西星级农家乐 2000 家，其中四星级以上 200 家。进一步发展乡村旅馆、乡村节庆、乡村养生、民俗体验、乡村文化博览等旅游产品，提升广西各县乡村旅游产品的特色化、品牌化，提高"农家乐"的知名度和美誉度。通过加快推动以农家乐、乡村休闲游、田园风光游和农业生态游为主的乡村旅游，推动农民收入增加。到 2015 年，力争我区乡村接待游客 8000 万人次，乡村旅游收入 250 亿元，从事乡村旅游的农民人均增收 5% 以上；到 2020 年，要重点培育一批以南宁、柳州、桂林等中心城市和 5A 级、4A 级品牌旅游目的地为依托的乡村旅游产业集群以及以高等级公路旅游大通道为依托的乡村旅游休闲带。

(七) 提升森林经营质量和效益助增收。建立科学合理的森林经营技术体系、管理体制和运行机制，抓好营造林实验示范工作，大力发展乡土树种、珍贵树种和营造多层次混交林，着力培育大径级用材林，不断培育高价值的适合我区大面积发展的优良树种；鼓励并指导林农通过更新改造、抚育垦复、测土施肥、除草施肥、嫁接换冠、良种栽培等方法，不断增加用材林、竹林、八角、油茶等经济果木林的面积存量，从根本上提高林地生产力，提高单产和效益，从而提升农民林木种植收入。2013 年，力争全区林下经济产值突破 450 亿元，增长 30% 以上；通过林下经济实现人均增收 1000 元以上的林农突破 1000 万人，增加 250 万人以上。

(八) 强化农业科技支撑助增收。把科技示范推广作为助农增收的重要环节来抓,狠抓科技创新与服务。以农业种业创新、基层农技推广体系建设、农村实用人才培养为着力点,加快推进农业科技创新,强化转化推广,加快农村实用人才和农业科技人才队伍建设。组织广大农业科技人员深入农业生产一线帮助农民发展生产,促进农民增收。

三、着力促进就业创业,增加农民工资性收入

(九) 加快劳务培训转移就业。强化劳务技能培训,深入开展农村劳动力转移培训 "阳光工程"、贫困村劳动力转移就业培训、"雨露计划"、渔民转产转业培训、水库移民教育培训工程、家政服务体系培训建设工程和大石山区贫困家庭子女职业教育移民工程,建立农民工培训补贴制度,着力提高农民就业能力。坚持以市场为导向,扩大劳务经济发展空间,科学布局劳务输出走向,大力开展区域劳务合作,加强与经济发达地区建立有效的劳务对接协作机制。强化劳务输出服务,积极建立培训、就业和维权三位一体的工作机制,切实维护农民工合法利益。

(十) 加快推进农民进城务工。按照现代工业发展要求,加快推进工业化,努力将周边农村发展成为大工业和工业开发区的三产服务区域和配套服务区域。"十二五" 期间,要实现农村劳动力转移就业新增 300 万人次的目标任务。通过加大劳务输出,切实提高农民工资性收入。提高城乡统筹能力,最大限度地把周边农村纳入城市发展规划,推进城乡发展一体化。加快小城镇建设步伐,全面完善小城镇发展规划,在资金扶持、土地利用、产业布局等方面重点支持小城镇建设。加强批发市场、物流体系和信息网络规划建设,支持农副产品加工、小五金等产品发展,加快培育形成一批加工村、加工镇、加工县。

(十一) 大力扶持农民回乡创业和就业。充分发挥外出务工人员的技术、资金、信息优势,大力扶持外出就业农民回乡创业,重点鼓励和帮扶有一定技术和管理能力、积累一定资金的外出务工农民回乡创业。进一步强化政策扶持,加大财政和金融支持力度,不断完善支持自主创业的政策体系和创业培训、创业服务三位一体的工作机制,优化农民工创业环境, 消除创业者的后顾之忧, 以促进本地经济社会发展和带动更多农村劳动力转移就业。评选表彰优秀创业农民, 树立创业就业典型, 进一步营造全社会支持农民创业的良好氛围。进一步加快县域经济发展, 在重点镇优化和布局产业, 促进农民就地就业增收。

四、强化政策支持保护, 增加农民转移性收入

(十二) 增加农民生产补贴收入。加大强农惠农富农政策力度, 认真落实中央和自治区种粮、良种、农资、农机具、能繁母猪、造林、森林抚育、森林生态效益补偿、农林业保险等各方面补贴政策, 确保政策力度不减弱、农民实惠不减少。2013 年, 粮食作物良种补贴达 5.8 亿元, 农资综合补贴 29.93 亿元, 农机具购置补贴 4.75 亿元, 森林生态效益补偿基金 7.7 亿元。加大各级财政对农民生产性补贴的投入, 增加补贴种类, 扩大补贴范围, 提高补、贴标准, 推动农业降低生产成本, 切实增加农民收入。建立和扩大生态林、水源地、基本农田管护等专项补贴标准, 提高农民管护生态林、水源地、基本农田的收入水平。

(十三) 加大农村扶贫解困力度。建立扶贫开发长效机制, 提高农村扶贫对象收入水平。加快推进 "十百千" 产业化扶贫示范工程和 "雨露计划", 强化贫困连片地区、石漠化地区、边境地区、少数民族地区和水库移民库区等重点地区的扶贫, 提高扶助标准, 引导农村贫困地区农户发展高效农业、家庭工副业。其中, 2013 年自治区对陆地边境 0—3 公里范围的行政村农村居民边民生活补助经费 36634 万元。争取将更多项目纳入 "十百千" 产业化扶贫示范工程的覆盖范围, 到 2015 年辐射带动贫困村农户增加一倍以上, 农户增收一倍以上。深入落实小额扶贫贷款政策, 以县区为单位扩大贷款规模。建立和完善低收入农户就业援助机制, 确保有劳动力的低收入农户至少有 1 人稳定就业。鼓励引导工商企业参与村屯挂钩帮扶, 支持经济薄弱村发展经济, 带动农民增收。

(十四) 提高农村残疾人收入水平。加快健全和完善以农村最低生活保障制度、新型农村合作医疗、新型农村社会养老保险为基础, 以医疗救助、教育救助、住房救助等为补充的 "三保三救" 农村残疾人社会保障制度, 增加财政对残疾人扶贫的投入, 各种扶贫资金要向农村贫困残疾人倾斜。不断完善农村残疾人康复与残疾预防工作, 保障农村残疾人接受教育的权利; 加大农村残疾人扶贫开发力度, 完善农村残疾人就业帮扶机制, 增加农村残疾人收入。支农惠农政策要优先覆盖残疾人。鼓励农村金融机构向残疾人提供方便可及的金融服务。充分发挥基层残疾人组织在农村残疾人社会保障工作中的作用, 鼓励引导农民专业合作社、农村各种社会化服务组织帮扶残疾人。到 2015 年, 我区要完成 10 万残疾入托养服务资助, 每年 2 万人次, 其中 2013 年全区计划投入 2000 万元, 资助每位残疾人 1000 元。

(十五) 扶持库区移民增收。加大库区移民的扶贫开发工作。加强库区移民地区基础设施建设, 落实大中型水库移民后期扶持政策, 减免库区移民子女的学杂费; 要进一步致力于开发性生产, 变单纯救济型为积极扶持型, 变单纯安置型为开发安置型, 加大后期扶持力度, 以安置库区劳力为重点, 以移民安居乐业为目标, 坚持农科教相结合, 因地制宜开发资源, 以发展林下种植、养殖业为主, 乡村旅游业等三产项目和务工为辅助手段, 扶持库区移民多种途径增收。2013 年新建 300 个以上水库移民新村, 计划安排水库移民新村 (含新建和续建项目)、村屯道路两大类 680 个项目, 总投资 3.5 亿元; 实施产业开发项目 50 个, 移民微型企业 200 个, 移民工贸创业园 5 个, 培训移民 4 万人次。

(十六) 提高农村社会保障水平。完善农村社会保障制度, 巩固完善新型农村社会养老保险和农村合作医疗制度, 逐步提高政府补助标准。加快农村养老服务体系建设。完善被征地农民养老保障制度, 做到先保后征, 切实解决好被征地农民的社会保障问题。建立健全农村最低生活保障、五保供养、孤儿基本生活费、抚恤优待标准与物价挂钩机制和动态调整机制, 提高农村低保标准、五保供养标准。城乡居民社会养老保险基础养老金补助水平, 在中央规定标准的基础上每人每月提高 20 元, 2013 年达到每人每月 75 元; 农村低保对象月人均补助水平增加 10 元, 增加全区农民纯收入总额 3.93 亿元; 新农合筹资标准由 2012 年的人均 290 元提高到人均 340 元。鼓励有条件的县 (市、区) 推进城乡居民社会保障制度统筹, 加快缩小城乡之间、市民和农民之间的社会保障水平差距。健全农村计划生育家庭奖励扶助制度。

(十七) 完善农村公共服务体系。加快农村公益事业建设, 降低农民文教卫体支出负担, 减少农村公共服务消费品支出。坚持普惠性和公益性原则, 构建农村学前教育公共服务体系, 提高义务教育经费保障水平, 推进免费中等职业教育进程。健全从学前教育到研究生教育全覆盖、无缝衔接的资助体系, 实施义务教育阶段学生营养改善工程, 完善农村普通高中、中等职业学校家庭经济困难学生资助制度。深化农村医药卫生体制改革, 健全农村公共卫生和基本医疗服务体系。深入实施 "文化信息资源共享工程"、广播电视 "村村通" 工程、农民体育健身工程和农家书屋等农村文化体育建设工程。

五、建立和完善产权制度, 提高农民财产性收入

(十八) 扩大农村土地和林权收益。创新农村土地管理, 明晰农村土地产权, 支持农民从出让、转让土地使用权中获取财产性收入。健全农村土地经营权流转机制, 培育土地承包经营权流转市场, 加强土地流转服务和仲裁体系建设, 促进农村土地经营权流转。依法合理提高征占用补偿标准, 提高农村土地价值。通过培训失地农民就业、租赁、经营等手段, 帮助失地农民增加财产性收入。以保护、发展和实现林农利益为核心, 加快建立林业产权交易平台。积极探索农村集体建设用地、农村宅基地开发和流转方式, 加快城乡土地市场一体化建设步伐, 提高农村建设用地收益。加强农村社区建设, 大力实施农村危房改造, 2013 年自治区农村危房改造 20 万户。稳步规范推进城乡土地增减挂钩, 优化土地资源配置, 实现土地效益最大化, 增加农民收益。

(十九) 发展壮大农村集体经济。加强农村集体资金、资产、资源 "三资" 规范化管理, 引入社会资本盘活农村 "三资" 资源, 壮大农村集体资产。培育农村经济新型经营主体, 发展多种形式规模经营, 构建新型农业经营体系。探索建立集体产权交易平台, 让农民从集体 "三资" 市场化运营中获取更多收益。鼓励有条件的地方开展农村产权制度改革试点，健全利益联结机制，探索农村集体资源资产化、资产资本化、资本股份化的有效实现形式，对农村集体资产量化确股到户，让农民享有按股分红的权益。鼓励农民通过土地经营权、资金、资产入股等方式建立农村合作经济组织，促进资本保值增值。

六、深化农村改革，健全农业社会化服务体系

(二十) 深化农村土地制度改革。稳定农村土地承包关系，加强对土地承包经营权的物权保护，按照依法、自愿、有偿的原则，鼓励农民流转土地承包经营权。全面推进集体土地所有权、集体建设用地和宅基地使用权等确权登记发证工作。积极推进征地制度改革，完善征地补偿机制，提高农村土地补偿标准，探索被征地农民安置新途径，提高农民在土地增值收益中的分配比例。加快推进城乡统一的土地市场建设，规范农村集体建设用地使用权管理办法。积极推进城乡建设用地增减挂钩试点，挂钩用地指标优先用于新农村建设和新型农村社区建设。

(二十一) 深化城乡户籍制度改革。加快城乡户籍一体化改革步伐，进一步放宽中、小城镇落户条件，坚持自愿原则，对失地农民、无地安置移民及进城就业、创业、务工的农民给予办理城镇居民户籍手续，享受城镇居民的社会保障和福利待遇。

(二十二) 完善农业社会化服务体系。加大力度抓好基层农业技术推广、农产品质量安全、基层水利服务体系、动植物疫病防控、森林防火公益性服务机构建设。大力培育和发展种植、养殖、加工、销售、农机、水利、供销等农业专业合作社。到 2015 年，力争我区入社农户和带动农户占总农户数的 40% 以上，农民专业合作社销售的农产品占成员生产总量的 80% 以上，成员收入水平高于当地其他同业农户 20% 以上。到 2020 年，形成一批以农民专业合作社为经营载体的产业集群，使每个优势产业都有一批农民专业合作社带动，每个农民专业合作社都建立或带动一批优势农产品生产基地。引导和鼓励农村集体经济组织、农业龙头企业、农民合作组织、专业服务组织等参与农业服务，积极发展农资供应、农机作业、动植物疫病防控、农产品营销、农业休闲观光、农村金融保险等农业服务业,加快构建以公益性公共服务机构为主导、合作经济组织和龙头企业为基础、其他社会力量广泛参与,公益性服务与经营性服务相结合、专业性服务与综合性服务相协调的农业社会化服务体系。支持农民专业合作社兴办农产品加工企业或参股农业龙头企业。

(二十三) 大力发展农产品流通业。加强农产品物流体系建设,大力发展农产品现代流通业,充分利用现代信息技术手段,发展农产品电子商务等现代交易方式,做大做强农产品营销网,鼓励发展特色农产品营销网站; 积极推动 "农超对接"、"农校对接"、"农企对接" 等多种形式的产销衔接, 鼓励农产品运销批发单位和集体消费大户与农业生产基地、农民合作社建立长期稳定的产销关系; 支持生产基地、合作社到城镇社区菜场直供直销; 鼓励参加境内外农产品展示展销会,积极开拓农产品市场。

七、加大扶持力度,完善农民收入倍增扶持政策

(二十四) 加大财政扶持力度。按照总量依法增加、比例稳步提高的要求,加大财政支农力度,为农民收入倍增提供强力支持。严格落实财政支出重点向农业农村倾斜,确保用于农业农村的总量、增量均有提高。调整财政支农资金支出结构,提高农业生产、农村公共服务、农村社会保障支出比重,扩大农业技术推广、农业产业化支出总量和农业生产性补贴规模。加大农民创业财政扶持力度,引导和扶持农民自主创业。加大粮食作物良种补贴、农资综合补贴、农机具购置补贴等,逐步加大生态补偿、造林补贴、森林抚育补贴、水源保护、基本农田保护的财政投入。完善农村 "一事一议" 筹资筹劳办法,加大财政奖补资金投入,进一步扩大受益人口覆盖面,支持村级公共事业又好又快发展。

(二十五) 改善农村金融服务。加快农村金融改革,引导各类金融机构在乡镇增设营业网点,扩大支农贷款领域和贷款额度。深化农村信用社改革,充分发挥农村信用社支农主力军作用。继续扩大农村金融市场准入,引导社会资金投资设立适应农村需要的各类新型金融组织,加快培育村镇银行、贷款公司、农村资金互助社,允许农民出资入股发展村级互助资金组织，完善农户信用贷款、抵押贷款制度，扩大有效抵押物范围，开发多样化的小额信贷产品，进一步扩大农户小额信用贷款和农户联户担保贷款，建立政策性农业信贷担保机构，支持有条件的县（市、区）建立农业担保公司和特色主导产品风险专项资金。创新担保方式，大力开展林权抵押、土地经营权抵押贷款和农业产业化龙头企业、农民专业合作社担保贷款。

(二十六) 扩大农业保险规模。全面开展农业政策性保险试点，增加农业保险试点品种，扩大农业保险覆盖面。各县（市、区）要围绕农业产业化 "339" 工程，确定主导产业、主导品种开展试点，实现农业政策性保险全覆盖，使更多农民在更广范围内享受到农业保险的保障。积极探索建立农业再保险体系，鼓励有条件的公司参与农业再保险，加强财政支持，通过设立巨灾风险准备金等方式建立巨灾风险分散机制。2013 年，继续为 1050 万户农村居民办理住房政策性保险，自治区、市、县三级共安排资金 1 亿元。

(二十七) 扶持微小企业发展。凡符合自治区微小企业扶持政策的农民创办的企业均予以支持。简化工商登记手续，对农村流动商贩实行备案制，免于工商登记；农民在集贸市场或者地方人民政府指定区域内销售自产农副产品的，不用登记；农民季节性从事农产品流通中介服务和经纪活动的免于工商登记，免于经记执业人员备案登记。

(二十八) 加强农民负担监管。落实减轻农民负担制度，重点加强农村教育、计划生育、土地征用、农民建房、农村交通、合作医疗、产品销售、专业合作等领域和环节的监管，防止损害农民权益行为发生。整顿农村市场秩序，加强农资市场价格监管。建立农业生产成本收益监测机制，防止因农资价格过快上涨增加农民生产成本。加强农村社会治安综合治理，依法严厉打击非法集资等行为，保障农民财产安全。

八、加强基础建设，提升农民增收条件

(二十九) 狠抓高标准基本农田建设。落实耕地保护制度，加强耕地质量建设，提升综合生产能力。以建设高标准基本农田为重点，加强土地

整治和中低产田改造, 以 "以奖代补" 的方式, 鼓励农民自发开展耕地整治。到 2020 年, 我区高标准基本农田占基本农田的比例达到 40% 以上。继续推进 "沃土工程", 扩大测土配方施肥实施范围, 积极推广有机肥和种植绿肥, 扩大秸秆还田覆盖面。加强标准鱼塘改造, 坚持开发与保护相结合, 加快沿江, 沿海滩涂利用步伐。

(三十) 狠抓农业农村水利设施建设。加快重点水利工程建设, 积极推进桂中、左江、桂西北旱片治理为重点的治旱工程建设, 加强农村饮水安全工程特别是大石山区农村饮水工程建设, 千方百计确保山区农村饮水供给。加快实施病险水库除险加固、中小河流治理、大中型灌区配套设施与节水改造, 加强泵站更新改造和农田水利支渠术级渠系防渗工程建设, 实施小型农田水利重点县建设, 因地制宜兴建山丘小水窖、小水池、小塘坝、小泵站、小水渠等 "五小水利" 设施。大力发展节水灌溉, 推广渠道防渗、管道输水、喷灌滴灌等技术。积极发展旱作农业, 采用地膜覆盖、深松深耕、保护性耕作等技术。到 2020 年, 大、中、小型灌区末级渠系和田间灌排工程体系基本完善, 农田灌溉水有效利用系数提高到 0.55 以上。

(三十一) 狠抓农业农村防灾减灾。完善森林防火基础设施, 确保森林资源安全。加强渔港和渔船安全生产设施建设, 提高渔业安全生产水平。强化动植物疫病灾害、农业气象灾害等防灾减灾基础设施建设, 抓好重大动物疫病防控工作, 提升农业灾害预测预报能力和服务水平。加强农村防汛抗旱体系建设, 提高防洪减灾能力, 保障农村发展、农业增产、农民增收成果。

(三十二) 加快发展农业机械化。积极实施农业机械化推进工程, 大力推广农机新机具、新技术, 重点加快耕作、水稻育插秧、糖料蔗种植收获、造林营林、木材采伐、排灌、抗旱、节水灌溉等机具设备, 不断提升农机装备水平。大力发展设施农业, 推广应用大棚、温室和滴灌、喷灌与水肥一体化等设施设备, 以及耕作、播种、造林整地、木材采伐、预冷和清洗分拣类小型农机具。加强农机仓库、农机化生产示范基地建设, 提高农机推广服务和安全监理水平。对农机大户、种粮大户和农机服务组织购置大中型农机具,给予信贷支持。完善农机作业用油供应保障机制,探索建立高能耗农业机械更新报废补偿机制。

(三十三) 狠抓农业农村市场建设。进一步加强农产品主产区专业批发市场等流通基础设施建设,加快构建以大型农产品批发市场为骨干、农贸市场为基础、现代流通业态为补充、农民专业合作组织和农民经纪人广泛参与的农产品现代市场流通体系。推进农产品产地预冷、物流冷链系统和生鲜农产品配送中心建设,加快 "万村千乡" 市场工程建设。

九、加强组织领导, 确保实现农民人均纯收入倍增目标

(三十四) 加强领导。各地各部门要把增加农民收入作为 "三农" 工作的核心任务, 在工作部署、财力安排上给予倾斜支持, 及时研究解决增收工作中的重大问题。坚持政府主要领导亲自抓, 分管领导全力抓, 主管部门具体抓, 有关部门共同参与的工作格局, 一级抓一级, 层层抓落实。各地各部门要成立实施农民人均纯收入倍增计划领导机构和工作机构, 制定方案, 明确分工, 做到领导到位、组织到位、责任到位、人员到位, 确保各项任务圆满完成。

(三十五) 落实责任。促进农民增收是一项系统工程, 涉及面广, 必须明确职责, 加强协作, 形成合力, 共同推进。自治区各有关部门要结合实际, 制订实施方案, 明确目标任务, 落实工作责任, 确保农民人均纯收入倍增计划顺利实施。农业、水产畜牧、林业部门重点抓好种植业、养殖业、林业增收规划实施; 水利部门抓好农田水利等基础设施建设; 人力资源社会保障部门牵头抓好农村劳动力转移和农民创业就业; 扶贫部门牵头抓好扶贫开发; 财政部门在财政资金安排上给予倾斜扶持; 发展改革、工业和信息化、商务、旅游、供销、金融、保险等部门要围绕农民增收大局, 在农产品市场流通、贸易、销售、旅游休闲农业发展以及农业保险、农村金融服务等方面给予大力扶持。各市、县 (市、区) 人民政府要认真履行牵头抓总责任, 协调各方力量, 全力推进实施。

(三十六) 改进作风。各地各部门要认真贯彻落实中央关于改进工作作风、密切联系群众的 "八项规定", 切实转变工作作风, 深入基层, 深入群众, 向群众学习、向实践学习, 多同群众座谈, 多同干部交心, 多商量讨论, 多解剖典型, 为农民增收出点子、想办法、办实事, 把促进农民增收的各项措施落到实处。坚持求真务实, 力戒浮夸, 不做表面文章, 不提脱离实际的高指标, 扎扎实实地做好各项工作。

(三十七) 强化考核。各级人民政府要把农民人均纯收入倍增计划实施情况纳入重点督查范围, 强化督促检查, 实行年度绩效量化考评, 并把考评结果作为考核考评各级领导干部工作成效的重要依据。建立激励机制, 对推进实施农民人均纯收入倍增计划成绩突出、农民收入增长幅度大的市、县 (市、区) 予以表彰, 对工作落后、农民收入增长幅度连续两年在我区排倒数第一的市和在所属市排倒数第一的县 (市、区) 给予通报批评。

彩　　图

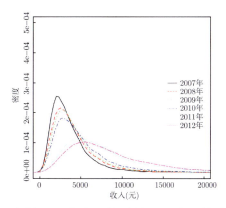

图 5　广西农村居民家庭人均总收入适应性核密度估计图

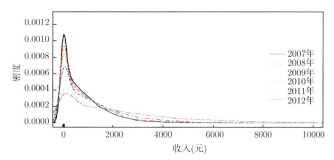

图 6　2007–2012 年广西农民家庭人均工资性收入核密度分布图

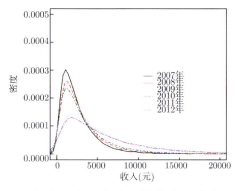

图 7　2007–2012 年广西农民家庭人均家庭经营收入核密度分布图

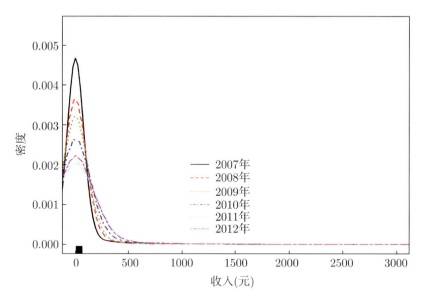

图 8 2007–2012 年广西农民家庭人均财产性收入核密度分布图

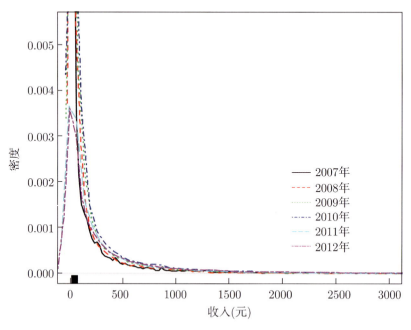

图 9 2007–2012 年广西农民家庭人均转移性收入核密度分布图

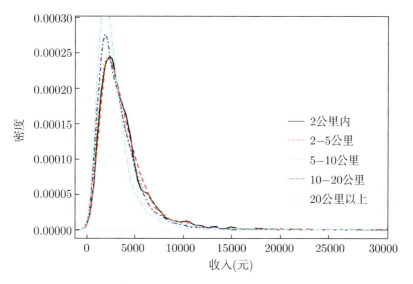

图 10　2007 年离最近乡镇政府不同距离类型家庭的家庭人均
总收入分布图

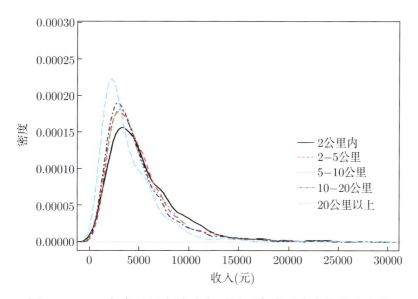

图 11　2010 年离最近乡镇政府不同距离类型家庭的家庭人均
总收入分布图

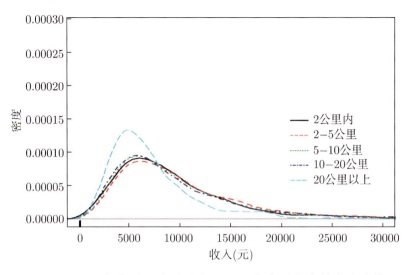

图 12　2012 年离最近乡镇政府不同距离类型家庭的家庭人均
总收入分布图

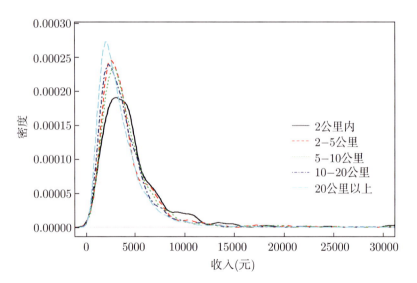

图 13　2007 年离最近县城不同距离类型家庭的家庭人均
总收入分布图

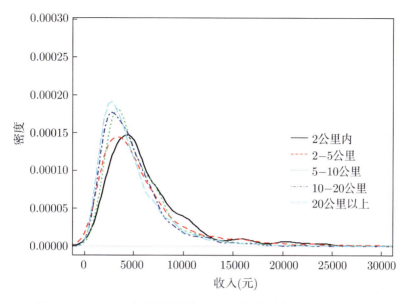

图 14　2010 年离最近县城不同距离类型家庭的家庭人均
总收入分布图

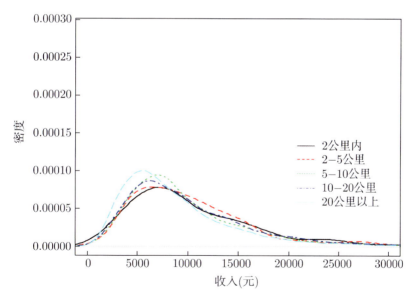

图 15　2012 年离最近县城不同距离类型家庭的家庭人均
总收入分布图

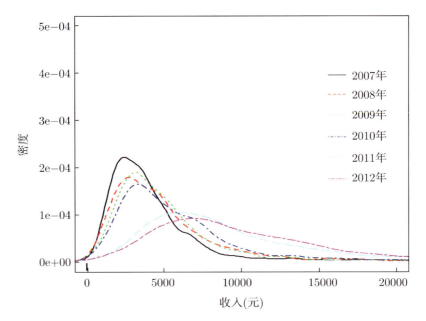

图 22　2007–2012 年平原家庭农民人均总收入核密度分布图

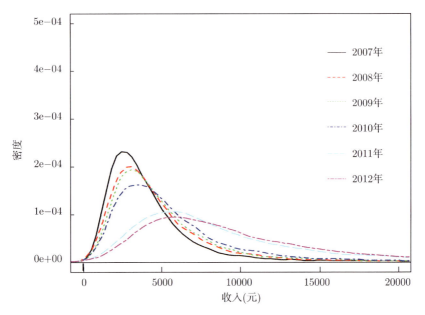

图 23　2007–2012 年丘陵家庭农民人均总收入核密度分布图

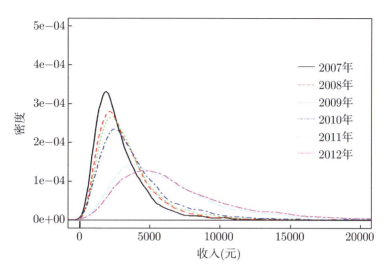

图 24　2007–2012 年山区家庭农民人均总收入核密度分布图

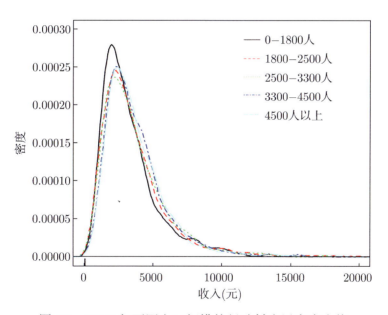

图 25　2007 年不同人口规模的行政村农民家庭人均

总收入分布图

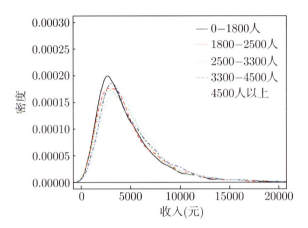

图 26 2010 年不同人口规模的行政村农民家庭人均总收入分布图

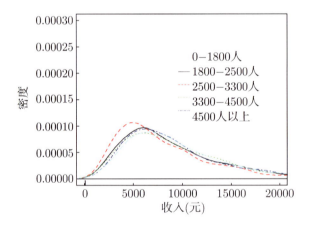

图 27 2012 年不同人口规模的行政村农民家庭人均总收入分布图

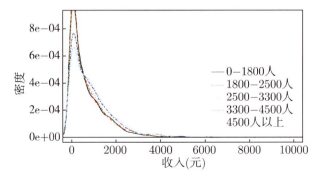

图 28 2007 年行政村不同人口规模的家庭农民人均工资性收入
核密度分布图

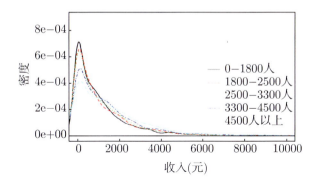

图 29　2010 年行政村不同人口规模的家庭农民人均工资性收入
核密度分布图

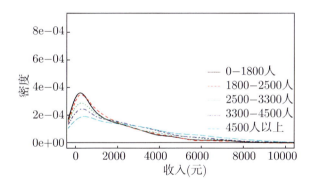

图 30　2012 年行政村不同人口规模的家庭农民人均工资性收入
核密度分布图

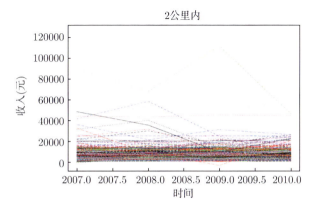

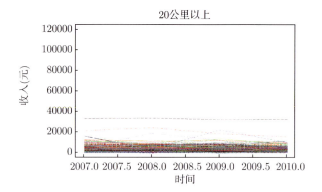

图 33　离乡镇政府所在地 2 公里内和 20 公里外农民人均

总收入散点图

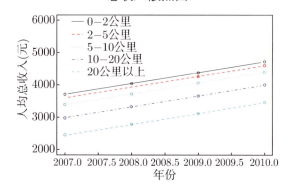

图 34　2007–2010 年离县城不同距离的农民家庭人均总收入拟合图

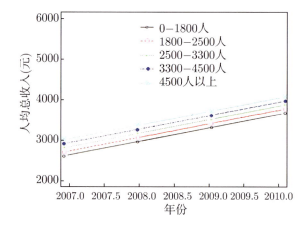

图 36　2007–2010 年不同人口规模的行政村农民家庭人均

总收入拟合图

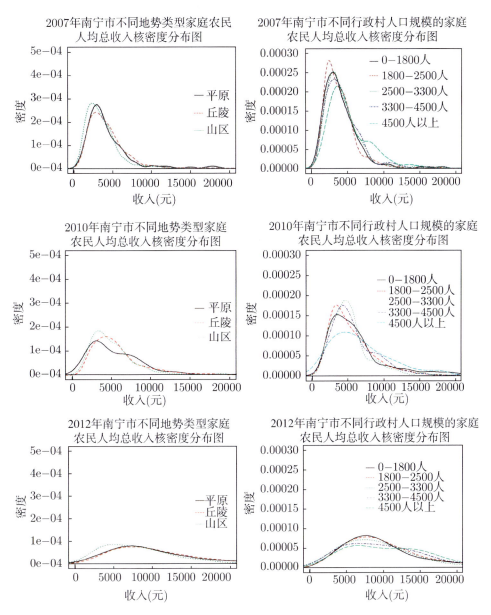

图 39　不同地势类和人口规模的行政村的农户家庭人均
总收入核密度分布图

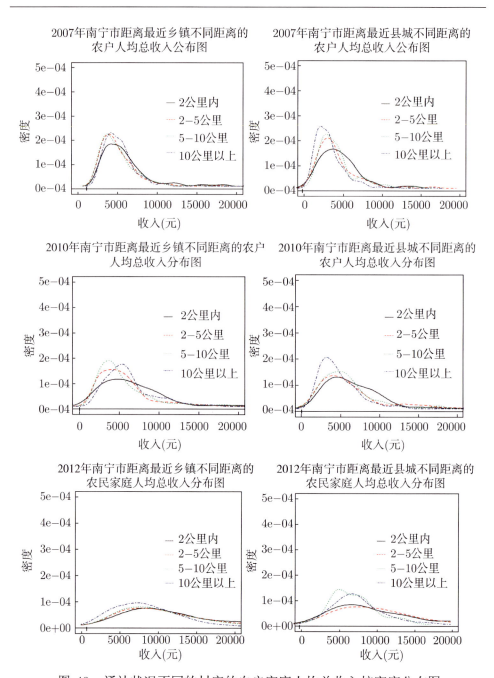

图 40　通达状况不同的村庄的农户家庭人均总收入核密度分布图